LA DEUXIEME CONTROVERSE DE PARIS

Collection de la Revue des Études Juives

dirigée par Gérard Nahon et Charles Touati

1. *Hommage à Georges Vajda. Etudes d'histoire et de pensée juives*, éditées par Gérard NAHON et Charles TOUATI. 1980; 1 vol. in -8° de vii + 611 pages.
2. Roland GOETSCHEL, *Meïr Ibn Gabbay. Le Discours de la Kabbale espagnole.* 1981; 1 vol. in -8° de 565 p.
3. *Hellenica et Judaica, Hommage à Valentin Nikiprowetzky*, édité par André CAQUOT, Mireille HADAS-LEBEL et Jean RIAUD; 1986 1 vol. in -8° de IV + 520 p.
4. Philippe GIGNOUX, *Incantations magiques syriaques*; 1987 1 vol. in -8° de 72 p. + 4 pl.
5. Roger KOHN, *Les Juifs de la France du Nord dans la seconde moitié du XIVe siècle*, 1988; 1 vol. in -8° de XL + 358 p.
6. *Etudes samaritaines; Pentateuque et Targum, exégèse et philologie, chroniques. Communications présentées à la table ronde internationale: «Les manuscrits samaritains: problèmes et méthodes» (Paris, 7-9 octobre 1985).* Textes réunis par Jean-Pierre ROTHSCHILD et Guy-Dominique SIXDENIER, 1988; 1 vol. in -8° de 314 pages.
7. Maurice LIBER, *Les juifs et la convocation des Etats Généraux (1789).* Réédition d'articles de la *Revue* avec une bibliographie établie par Roger KOHN et une introduction nouvelle de Gérard NAHON. 1989; 1 vol. in -8° de XX + 202 p.

7 bis. *La culture juive en France du Nord au Moyen Age, De Rashi aux Tosafistes. Le Talmud de France. Colloque international (Paris -Troyes, 3-5 décembre 1990) Argument* édité par Gilbert DAHAN et Gérard NAHON, 1990; 1 vol. in-8 ° de 88 pages.

8. Paul FENTON, **אלפי יהודה** *Bibliographie de l'oeuvre de Georges Vajda*, 1991; 1 vol. in -8° de 130 pages.
9. Micheline CHAZE, *L'*Imitatio Dei *dans le Targum et la Aggada,* (paru dans la Bibliothèque de l'Ecole Pratique des Hautes Etudes, Section des Sciences Religieuses, Vol. XCVII) 1991; 1 vol. in 8° de 202 pages.
10. Gérard WEIL, *La Bibliothèque de Gersonide, d'après son catalogue autographe*. Edité par Frédéric CHARTRAIN avec la collaboration d'Anne-Marie WEIL-GUÉNY et Joseph SHATZMILLER, 1991; 1 vol. in - 8° de 168 pages.
11. *Gersonide en son temps: Science et philosophie médiévales.* Edité par Gilbert DAHAN avec une Préface de Charles TOUATI, 1991; 1 vol. in -8° de 384 pages.
12. *Les Juifs et la Révolution française. Histoire et mentalités. Actes du Colloque tenu au Collège de France et à l'Ecole Normale Supérieure les 16, 17 et 18 mai 1989.* 1992. Edité par Mireille HADAS-LEBEL et Evelyne OLIEL-GRAUSZ avec le concours de Geneviève CHAZELAS; 1 vol. in -8°e de 380 pages, illustr.
13. Israël LEVI, *Le ravissement du Messie à sa naissance*, et autres essais édité par Evelyne PATLAGEAN, 1994; 1 vol. in -8° de 328 pages.
14. *Juifs d'Algérie 1830-1905: Inventaire des Archives consistoriales*, établi par Richard AYOUN sous la direction de Gérard NAHON (en préparation).
15. Joseph SHATZMILLER, *Le deuxième controverse de Paris. Un chapitre dans la polémique entre chrétiens et juifs au Moyen Age,* 1994; 1 vol. in -8° de 136 pages.
16. *De Rashi aux Tosafistes, le Talmud de France. La culture juive en France du Nord au Moyen Age*, édité par Gérard NAHON (en préparation).
17. Philippe CASSUTO, *Spinoza. hébraïsant L'hébreu dans le* Tractatus theologico-politicus *et le* Compendium grammatices linguae hebraeae, 484 p (en préparation).
18. Carol IANCU, *Les juifs en Roumanie (1919-1938). De l'Emancipation à la marginalisation* (en préparation).
19. Simon SCHWARZFUCHS, *Recueil de Documents sur la Révolution et l'époque napoléonienne* (en préparation).
20. *Index de la Revue des Etudes Juives,* t. CXXXIX à CXLIX 1980-1990, compilé par Agnès WOOG (en préparation).
21. Michel REMAUD, *Le mérite des Pères dans la tradition juive ancienne et dans la liturgie synagogale* (en préparation).

ISBN 90-6831-648-6
ISBN 2-87723-168-2
D. 1994/0602/110

Joseph Shatzmiller

La deuxième controverse de Paris

Un chapitre dans la polémique entre chrétiens et juifs au Moyen Age

PUBLICATION du *CATAB*, CENTRE D'ANALYSE ET DE TRAITEMENT AUTOMATIQUE DES BASES DE DONNÉES,
UNIVERSITÉ JEAN MOULIN LYON III et de l'*U.A. 1071* du
CENTRE NATIONAL DE LA RECHERCHE SCIENTIFIQUE

Collection de la Revue des Etudes juives dirigée par Gérard Nahon et Charles Touati

Paris-Louvain
EDITIONS E. PEETERS
1994

SOCIÉTÉ DES ÉTUDES JUIVES

Revue des études juives

Rédaction et administration

19, rue de Téhéran, 75008 Paris

Siège social de la Société des Études juives
17, rue Saint-Georges, 75009 Paris

Les exemplaires d'échanges et les ouvrages pour compte rendu doivent être adressés à l'Administration de la Revue des Études juives.

Les abonnements peuvent être souscrits directement auprès des **Éditions Peeters, B.P. 41, B-3000 Louvain (Belgique).** Ils sont payables au **Compte de chèques postaux 000-0425099-45, Éditions Peeters, B.P. 41, B-3000 Louvain.**
Prix de l'abonnement d'un an (4 numéros): 500 FF, 3000 FB (1987).

Les numéros encore disponibles peuvent être obtenus par votre libraire habituel ou, à défaut, aux Éditions Peeters, au prix de 3000 FB (500 FF) par tome.

PRÉFACE

Avant d'exprimer mes sentiments de gratitude et les remerciements que je dois à tant d'amis et de collègues, il me faut dire quelques mots sur l'émotion, l'excitation même dans lesquelles j'ai travaillé sur ce projet. J'insiste sur cet état d'esprit mouvementé, car cela permet de me justifier de l'état quelque peu inachevé dans lequel je présente ce petit livre aux lecteurs.

L'excitation surtout. Depuis une vingtaine d'années, et même plus, j'étais à la recherche d'un manuscrit en hébreu contenant le récit d'une controverse judéo-chrétienne qui s'est déroulée à Paris quelques années après la rencontre de Barcelone en 1263 (rencontre dont le champion juif était le célèbre Naḥmanide). D'autres chercheurs étaient également en quête de ce document, mais j'eus la chance de me rendre personnellement à Moscou à la fin de l'année 1991 et de déchiffrer à la Bibliothèque de Russie, qui était encore à cette époque la « bibliothèque Lénine », les folios que je cherchais. Puis j'ai été en mesure de les relire, tranquillement, grâce aux reproductions que la direction de la bibliothèque m'avait envoyées. Au cours des semaines qui suivirent, j'eus l'occasion, aussi bien en public qu'en privé, de parler de cette découverte. Le sujet de la controverse judéo-chrétienne au Moyen Age intéressant beaucoup de monde, spécialistes et non spécialistes confondus, on me pressait de tous côtés de publier ce document, et même de communiquer mon déchiffrement aux personnes intéressées. En conséquence, j'ai nourri pendant un moment l'idée de me contenter dans un premier temps d'une publication privée à tirage limité pour satisfaire la curiosité des spécialistes. Cependant, en réfléchissant, je me suis rendu compte que j'avais épuisé pratiquement toutes mes connaissances sur ce sujet. C'est ainsi qu'une étude plus longue ne devrait plus apporter d'éléments nouveaux ou de changements importants dans ce que j'ai à dire actuellement. J'ai donc décidé de me tourner vers la Société des études juives à Paris pour obtenir de ses directeurs leur accord pour publier non seulement le déchiffrement du texte hébreu et sa traduction française, mais aussi le fac-similé de l'original. Les savants auront ainsi la possibilité de contrôler mon déchiffrement et de l'améliorer.

Alors que j'étais en route pour Moscou, plus en tant qu'archéologue qu'en tant qu'historien, je n'avais encore aucune idée du contenu du manuscrit pas plus que des difficultés de lecture que je rencontrerais pour en réaliser l'édition. En effet, ce ne furent pas les difficultés qui manquèrent. Certains mots m'étaient incompréhensibles. Plusieurs références bibliques et talmudiques m'échappaient. Heureusement, plusieurs de mes amis, et même des spécialistes que je ne connaissais pas, m'ont fait partager leur savoir. A Toronto le professeur Tim Barnes et mon ami de longue date, le professeur Walter Goffart, attirèrent mon attention sur une possible référence à l'histoire de Paul Orose (Ve siècle). En Israël le professeur Menaḥem Banitt, de l'université de Tel-Aviv, examina les quelques mots en langues romanes et en latin en transcription hébraïque, tandis que M. Jacob Buxenboim, de Jérusalem, répondait patiemment à mes questions concernant les sources rabbiniques. Mes amis français, Bernard Barc, Philippe Cassuto et Gérard Jobin, ont veillé à la traduction française des textes. Frédéric Chartrain n'a jamais hésité à prodiguer son aide. Marie-Claire Thiébaut a apporté son aide technique pour la mise en page de l'ensemble des textes. Anne-Marie Weil s'est donné beaucoup de mal pour améliorer l'édition de mon introduction. Philippe Cassuto a en outre mis sur ordinateur l'original hébreu et a vérifié les références aux sources bibliques et rabbiniques.

Enfin, je tiens à remercier mes amis Charles Touati et Gérard Nahon pour l'accueil qu'ils ont réservé à cette publication dans la collection qu'ils dirigent. Ces deux amis ont pris la peine de relire mon texte, me permettant ainsi de l'améliorer. Au directeur du département des manuscrits de Moscou, le professeur Derjagin, ainsi qu'à son adjoint, M. Medveyev, j'adresse mes remerciements et tous mes vœux dans la difficile période que traverse actuellement leur pays. Ils m'ont accueilli avec beaucoup de gentillesse. Ils ont aussi trouvé le moyen d'abréger les procédures administratives, afin que je puisse au mieux employer mon temps.

INTRODUCTION

A. La deuxième controverse de Paris

On connaît depuis longtemps les deux grandes polémiques entre juifs et chrétiens qui se sont tenues publiquement et avec grand éclat au XIIIe siècle: celle de Paris en 1240, celle de Barcelone en 1263[1]. Nous possédons aujourd'hui pour chacune de ces rencontres une documentation considérable, abondante parfois, qui consiste, entre autres, en un rapport en hébreu de la main des protagonistes juifs d'une part, et en récits en latin de la plume de leurs adversaires d'autre part. Or, à ces deux événements nous devons en ajouter un troisième qui a pris place à Paris, quelques années après celui de Barcelone. Un récit anonyme rédigé en hébreu relate ces événements et nous apprend que les juifs de Paris – et probablement des villes et villages des alentours de la capitale – «hommes, femmes et enfants» avaient été convoqués par un mandement royal pour assister au débat. Le protagoniste chrétien – un juif converti du nom de «Paul» – se proposait de leur démontrer, en s'appuyant sur leurs propres livres, la grande vérité chrétienne, c'est-à-dire que le Messie est déjà venu et qu'il n'est autre que Jésus-Christ. De leur côté, les juifs avaient choisi comme champion un savant de Rouen[2],

[1] La bibliographie sur les controverses est immense et ne fait que s'enrichir constamment. Contentons-nous de présenter d'abord la première synthèse, datant de plus de cent ans, et la dernière, parue il y a quelques mois seulement. Cf. Isidore Loeb, «La controverse religieuse entre les chrétiens et les juifs au Moyen Age en France et en Espagne», *Revue de l'histoire des religions*, XVII, 1888, p. 311-337, XVIII, 1888, p. 133-156, ainsi que la dernière, celle de Gilbert Dahan, *La polémique chrétienne contre le judaïsme au Moyen Age*, Paris, 1991. Il nous faut mentionner aussi les travaux fondateurs de deux savants américains, Robert Chazan et Jeremy Cohen. Cf. R. Chazan, *Daggers of Faith: Thirteenth-Century Christian Missionizing and Jewish Response*, Berkeley, Los Angeles et Londres, 1989, et *Barcelona and Beyond: The Disputation of 1263 and Its Aftermath*, Berkeley, Los Angeles et Oxford, 1992; J. Cohen, *The Friars and the Jews: The Evolution of Medieval Anti-Judaism*, Ithaca et Londres, 1982. Dans ces deux travaux, ainsi que dans la thèse de G. Dahan, *Les intellectuels chrétiens et juifs au Moyen Age*, Paris, 1990, on trouvera les indications bibliographiques anciennes et modernes requises. Cf. aussi les études importantes de Cecil Roth, «The Disputation of Barcelona (1263)», *The Harvard Theological Review*, XLIII, 1950, p. 117-144, ainsi que de Martin A. Cohen, «Reflections on the Text and Context of the Disputation of Barcelona», *Hebrew Union College Annual*, XXXV, 1964, p. 157-192.

[2] Je rejoins ainsi l'identification de Norman Golb dans son livre *History and Cultur of the Jews of Rouen in the Middle Ages* (en hébreu), Tel-Aviv, 1976, pour lequel, dans les textes médiévaux en hébreu, Rouen est appelée *Rodom* ou *Radom*. Je tiens à préciser cependant que dans notre manuscrit nous lisons plutôt *Darom* que *Radom* (fol. 106a). Comme N. Golb l'a observé (p. 30-31), une telle confusion entre les lettres *dalet* et *resh* est assez fréquente du fait de leur graphie très proche. Pour une traduction française, cf. Norman Golb, *Les juifs de Rouen au Moyen Age, Portrait d'une culture oubliée*, Rouen, 1985, p. 51 et suiv., ill. et cartes 29-38.

inconnu par ailleurs, dont le nom était Abraham ben Samuel, qui mena la première partie de la controverse. Par la suite, d'autres savants juifs participèrent à la discussion, cependant leurs noms ne sont pas cités. La mise en scène de l'événement requérait la présence d'un public nombreux, que notre rapporteur juif anonyme estime de manière peut-être exagérée à environ vingt mille auditeurs. Cette manifestation suscita une atmosphère de tension et même d'anxiété parmi les juifs que l'on avait rassemblés. En présentant ce témoignage hébreu, j'insisterai surtout sur la dimension événementielle de cette controverse, laissant aux spécialistes le soin de l'insérer dans le contexte théorique et intellectuel de la polémique judéo-chrétienne au Moyen Age. Toutefois je ferai une exception en prêtant une attention toute particulière au document latin qui a trait à cette polémique, publié en son temps par Ch. Merchavia[3], le savant bien connu de Jérusalem, document qui peut avoir un rapport avec les événements cités dans notre document de Moscou.

B. Le manuscrit

Le fait même de l'existence de cette controverse parisienne ne constitue pas réellement une surprise pour les historiens spécialistes de la question: elle est connue par un seul manuscrit, qui appartenait jadis au savant allemand Seligman Baer (1825-1897), qui l'avait acheté à Xanten le 15 mars 1874[4]. Le fameux savant, conservateur des manuscrits hébreux de la bibliothèque Bodléienne d'Oxford, Adolf Neubauer, avait rapidement examiné ce manuscrit à la fin du XIXe siècle, au cours d'une visite qu'il avait rendue à Baer, qui demeurait alors à Biebrich am Rhein. Par la suite, A. Neubauer publia dans la *Jewish Quarterly Review*, V, 1893, p. 713-714, sous le titre: «Another Convert by the Name of Paulus», des extraits de ce manuscrit, courts, mais indubitablement importants. Depuis lors, personne ne semble plus avoir eu accès à ce manuscrit. Pour ma part, il m'a fallu de longues années pour m'apercevoir que le manuscrit Seligman Baer avait été acheté par le baron David Günzburg (1857-1910) à Moscou, et que vraisemblablement il devait aujourd'hui être conservé à la bibliothèque Lénine de cette ville. Au cours d'un bref séjour en Russie durant l'été 1991, mon collègue Benjamin Richler, alors en mission pour l'Institut Ofek de Cleveland et avec l'aimable autorisation du rabbin Abraham Shoshana, son directeur, fut en mesure

[3] «Un documento desconocido sobre la historia de los judíos en la Francia medieval», *Sefarad*, XXVI, 1966, p. 53-78. M. Merchavia m'a aimablement autorisé à traduire et même à republier le texte latin, ce dont je le remercie vivement.

[4] Seligman Baer, sur la page de garde de ce manuscrit, note qu'il l'avait acheté à un certain Adolphe Odter, à Xanten, le dimanche 26 Adar 5834. Apparemment cette date est erronée, il faut lire 5634, c'est-à-dire le 15 mars 1874. Baer ajoute que treize folios manquent au commencement.

d'examiner pour moi le manuscrit hébreu 1390 et de confirmer que le texte en question occupait les folios 102a-111b. Un séjour dans cette ville, en octobre 1991, me permit d'achever cette tâche. Je pus déchiffrer les folios en question et même vérifier deux fois ma lecture. Par la suite, comme je l'ai déjà mentionné, les directeurs de la bibliothèque de Moscou m'envoyèrent une excellente reproduction des folios en question.

C. La copie

Si les événements parisiens se sont bien déroulés dans la deuxième moitié du XIIIe siècle, le manuscrit qui les relate est postérieur, selon l'avis de Mme Colette Sirat, d'environ cent ans. Le copiste est Benjamin bar Shemariah, encore appelé Benjamin Salonicao[5], dont nous ne savons rien, sinon qu'il portait le nom de la ville de Salonique. Le codex 1390, entièrement de sa main, est consacré dans sa totalité à la polémique judéo-chrétienne dans la France médiévale. On trouve à côté du texte de notre controverse deux autres textes: le livre polémique *Les guerres du Seigneur (Milḥamot ha-Shem)* de Jacob ben Reuben, ouvrage du XIIe siècle, ainsi que le récit hébraïque de la controverse de Rabbi Yeḥiel de Paris en 1240. Notre texte n'apparaît qu'après ces deux premiers.

Cette dernière observation est très importante. En effet le codex 1390 est défectueux et présente d'importantes lacunes. Selon les estimations de Seligman Baer il ne manque pas moins de treize folios au commencement des *Guerres du Seigneur*[6]. Alors que le récit de 1240 semble être complet, mais il faudra le vérifier tôt ou tard, il est évident que le texte qui nous intéresse ici s'arrête soudainement au folio 111b, sans que nous puissions d'une manière ou d'une autre estimer le nombre de folios perdus. Peut-être treize, plus ou

[5] Benjamin Salonicao, appelé en Israël Benjamin b. Shemaria, donne son nom à la fin de la copie du livre de Jacob b. Reuben (fol. 84a). Au fol. 101a, terminant le *Vikkuaḥ* de R. Yeḥiel, il signe seulement «Benjamin qui écrit». On note cependant que le fameux rabbin Joseph ben Salomon Colon, le Maharik, (*ca.* 1420-1480) fut consulté au sujet du statut de prêtres *(cohanim)* de la famille d'un certain Shemaria Salonicao habitant, semble-t-il, la ville portuaire de Méthone (alors appelée Modon) dans le sud-ouest du Péloponnèse; ce statut aurait été compromis par le mariage illicite d'un de ses membres avec une femme divorcée. Il devait y avoir une relation quelconque entre notre copiste et cette famille. Cf. Eliahu Dov Pinès, éd., *Nouvelles Responsa et décisions du rabbin Joseph Colon* (en hébreu), 2ème éd., Jérusalem, 1984, n° 28, p. 134-136, et aussi n° 31, p. 265. Mon ami le professeur Israël-Moshé Ta-Shema, de Jérusalem, attire mon attention, dans une lettre du 30 octobre 1992, sur les précisions apportées à cette histoire de famille dans le livre de *responsa Zekan Aharon* du rabbin Eliyah ben Benjamin ha-Levi (mort après 1540), imprimé à Constantinople en 1734. Selon cette source, *responsum* n° 1, c'était l'arrière-grand-père de Shemaria Salonicao – un nommé Gershom –, qui aurait contracté ce mariage. La date en est même donnée dans *Zekan Aharon* : l'année 1447.

[6] Cf. note 4 *supra*.

moins? De plus il est visible qu'un folio au moins a été arraché, entre les actuels folios 108 et 109. Tandis que les folios manquants de la fin ont peut-être été en fait des pages de garde, ce qui expliquerait leur disparition, l'absence de ce feuillet arraché entre les folios 108 et 109 semble poser d'autres problèmes, qui touchent probablement au fondement même de la polémique, comme nous le verrons par la suite.

Cet état de fait ne représente qu'une partie des difficultés et des obstacles que le texte de Moscou représente. En fait, de tous les textes hébreux que j'ai eu l'occasion d'étudier, c'est sans doute l'un des plus problématiques. Le déchiffrement en soi ne pose pas de problèmes insurmontables: au contraire même, notre copiste prend soin de bien copier en lettres carrées le texte, et de produire une copie fidèle. C'est bien plus à la coupable négligence du copiste ou de ses prédécesseurs que nous devons de buter sur d'importants obstacles: des versets bibliques sont parfois cités de mémoire sans aucun souci de correction, les références à la littérature talmudique sont dans certains cas elles aussi erronées. Mais il y a bien plus grave: souvent ce sont des mots ou même des phrases entières qui sont oubliés. On peut imaginer que l'un des copistes avait devant lui un manuscrit dont certains folios présentaient des marges déchirées. Mais au lieu d'avertir le lecteur de ces lacunes, ce scribe a produit un texte continu, dont les mots et les phrases se suivent les uns après les autres. Quelle qu'en soit la raison, des paragraphes entiers sont ainsi inintelligibles. Il est possible parfois de reconstituer le texte d'un défi lancé par Paul à partir de la riposte du représentant des juifs. En d'autres endroits par contre, toute restitution demeure impossible. A titre d'exemple, nous pouvons citer la fameuse affirmation (*Sanhedrin* 97a): «Le monde durera six mille ans, deux mille ans de désordre, deux mille ans avec la Loi et deux mille ans de temps messianiques.» (fol. 111a de notre manuscrit). On constate tout d'abord que dans notre texte le passage est cité de façon erronée: «deux mille ans de désordre, deux mille ans sans loi, deux mille ans avec la Loi». Du fait de cette erreur, le raisonnement de Paul devient incompréhensible. Ce n'est qu'en examinant la réponse du savant juif que l'on s'aperçoit que pour son adversaire les deux derniers millénaires, c'est-à-dire les temps messianiques, seraient à la fois des temps de désordre et des temps sans loi. Ce que Paul cherche à démontrer, c'est qu'avec l'arrivée du Christ, l'ancienne loi, la Torah, est annulée. Son interprétation, pour être plus précise, devrait suivre le raisonnement suivant: les premiers deux mille ans seront faits de désordre sans loi, les seconds deux mille ans connaîtront la Loi sans le désordre et enfin les deux mille ans de temps messianiques ne verront ni loi ni désordre. Donc la Loi de Moïse est annulée. Ainsi avons-nous été obligé d'abord de restaurer la citation de Sanhédrin 97a, telle qu'elle apparaît dans le textus receptus. Ensuite il nous a fallu ajouter entre crochets une phrase d'une quinzaine de mots.

Alors qu'il m'a été possible de reconstituer cet échange, je me trouvais désarmé devant bien d'autres cas. Ainsi nous avons au folio 106b, l'affirmation suivante de la part du champion juif s'adressant à son adversaire: «De plus, d'après tes dires, tu l'appelles parfois Jésus le Seigneur... et parfois l'ange... d'autres fois mon serviteur... et parfois Messie», affirmation qui n'a aucun rapport avec les lignes qui précèdent, lignes dans lesquelles la discussion porte sur la signification du mot *«pit'om»*. Ce court paragraphe appartient peut-être à celui que l'on trouve au folio 109a, qui traite des «soixante-dix noms» que «le Saint, béni soit-il, possède», mais on voit mal comment il aurait pu s'égarer quatre folios auparavant.

Il est évident qu'au fil du temps les copistes ont éprouvé des difficultés à comprendre certains mots, plus particulièrement des mots latins ou en langues romanes transcrits en caractères hébraïques. Cependant, les translittérations qu'ils se sont efforcé de faire sont souvent faciles à restituer. Ainsi on identifie volontiers les translittérations de termes comme «Bougres» [fol. 102a], «Passion» [102b], «Evangiles» et «Incarnation» [107a], «personnes» [109a-b] et même «Institution» [110b]. Cependant, malgré tous mes efforts et toutes mes interventions, je ne peux pas expliquer la référence [110b] aux «rabbins de Prophètes» que notre texte essaie de romaniser en transcrivant «Rabini de Bons Aetas» (probablement: rabbins de l'Antiquité, cf. la note 181 de l'annexe III, p. 55). Le texte que j'offre aujourd'hui n'est pas d'une parfaire cohérence. Il est juste d'en avertir le lecteur, nourrissant l'espoir que d'autres chercheurs puissent à leur tour exercer leur sagacité sur ce texte afin d'en améliorer la lecture. Peut-être aurons-nous la chance, maintenant que ce texte est sorti de l'oubli, de découvrir ailleurs d'autres copies complètes ou partielles qui permettront de combler ses lacunes et de pallier ses défauts. Au risque de me répéter, j'attire l'attention du lecteur ou du chercheur sur cet état de fait: il s'agit d'un texte qui peut, à première lecture, donner l'illusion d'être continu et cohérent, mais qui, tout au contraire, dissimule de nombreuses lacunes et omissions.

D. L'événement

Ces vices fâcheux ne nous empêchent cependant pas de saisir l'importance des renseignements que ce document fournit, aussi bien pour l'histoire des juifs de France que pour l'histoire de la polémique religieuse au Moyen Age. Il nous renseigne sur un événement extraordinaire qui prit place à Paris, lorsqu'un millier de juifs, «hommes, femmes et enfants», furent à plusieurs reprises convoqués par la force d'un mandement royal pour assister aux débats[7]. Ces réunions se tinrent d'abord dans la cour du couvent des Franciscains («Cordeliers» précise notre rapporteur anonyme), dont on connaît d'ailleurs l'emplacement exact par l'ouvrage de Laure Beaumont-Maillet, *Le grand couvent des Cordeliers de Paris,* Paris, 1975; puis chez les Dominicains («Jacobins») et une fois au moins dans la cour du Palais royal. Il apparaît que chaque séance était présidée par un dignitaire chrétien. Ainsi, lors de la première rencontre, c'est un officier royal «responsable de l'hôtel du roi[8]» qui semble avoir tout en main [fol. 103a]. Dans une autre occasion c'est «un cordelier» ou même «le maître des Cordeliers» qui dirige les débats [fol. 108a-b]. Le but officiel de cette convocation en masse – ceci est ouvertement dit – était l'espoir des autorités de convertir à la foi chrétienne au moins certains de ces assistants Cette ambition, nous assure le récit hébraïque, a complètement échoué. A partir d'un certain moment il fut décidé de changer la formule des rencontres. Au spectacle ouvert au grand public, avec l'assistance forcée des juifs, furent préférées des réunions en petit comité auxquelles n'étaient convoqués que «neuf ou dix» savants juifs. Nous ne sommes que très partiellement informé sur cette partie de la polémique, car ainsi que nous l'avons déjà dit, notre manuscrit s'arrête brusquement au fol. 111b.

En effet la présence de la foule parisienne s'avéra particulièrement gênante, voire dangereuse. Dans le vif de la polémique les deux parties adverses se tournèrent vers les assistants, employant la langue vulgaire. Frère Paul, aux dires de notre rapport hébreu, n'hésitait pas à exciter la foule en évoquant la crucifixion et la responsabilité des juifs [110b-111a]. Comme on pouvait s'y attendre, de tels propos déclenchèrent une réaction si vive, que les organisateurs furent obligés de clore la séance de façon hâtive pour permettre aux juifs d'échapper à un éventuel massacre. C'est d'ailleurs la raison pour laquelle il fut décidé par la suite de changer la formule des rencontres. De même, il était impossible au protagoniste juif de s'abstenir de s'adresser au

[7] L'auteur anonyme de notre récit parle en effet (fol. 104b) de «plus d'un millier de personnes». Il ne semble pas que ce soit un chiffre trop élevé, selon nos connaissances actuelles concernant les juifs de Paris au XIIIe siècle. Cf. Gérard Nahon, «La communauté juive de Paris au XIIIe siècle, Problèmes topographiques, démographiques et institutionnels», *Actes du 100ème congrès national des sociétés savantes*, Paris, 1978, p. 143-156. Cf. encore l'article ancien mais toujours valable d'Isidore Loeb, «Le rôle des juifs de Paris en 1296 et 1297», *Revue des études juives*, I, 1880, p. 61-71, ainsi que les autres ouvrages sur Paris que nous signalons dans la bibliographie et la récente discussion de William Chester Jordan, *The French Monarchy and the Jews*, Philadelphie, 1989, p. 8-9, 50-51. Sur Rabbi Yeḥiel de Paris, ses collègues et ses disciples, voir la récente publication d'I.-M. Ta-Shema, «Rabbi Yéhiel de Paris : l'homme et l'œuvre, religion et société (XIIIe siècle)», *Annuaire de l'Ecole pratique des hautes études, Section des sciences religieuses*, XCIX, Paris, 1990-1991, p. 215-219.

[8] S'agit-il du chambrier de l'hôtel du roi (*camerarius*)? cf. Ferdinand Lot et Robert Fawtier, *Histoire des institutions françaises au Moyen Age*, II, *Institutions royales*, Paris, 1958, p. 54-55. A-t-on voulu insister sur le fait que les juifs étaient «serfs de la chambre du roi» (*servi camerae)*? cf. S.W. Baron, *A Social and Religious History of the Jews*, IX, New York et Philadelphie, 1965, p. 135-192.

public. Quand les arguments de Paul semblèrent, par exemple, conduire à la conclusion que le Christ avait un père, une mère et six frères, le juif s'exclama [107b-108a]: «Jusqu'à quand proféreras-tu, frère Paul, des paroles de ce genre devant les gentils? S'ils comprenaient tes dires, ils te lapideraient.» A un autre moment, s'agissant de l'interprétation juive d'un verset du Cantique des Cantiques, le juif demanda: «Donnez-moi ce livre», et après l'avoir consulté, il s'exclama: «Ecoutez-moi, tout le monde, et voyez que le livre qu'a pris le frère Paul pour polémiquer prétend que votre Messie Jésus connaissait tous nos livres, la Bible, la Mishna, le Talmud, les grandes *Halakhot* et les *Aggadot*. Et jusqu'à présent, vous avez dit que tous nos livres étaient des livres de magiciens, repentez-vous-en!» Ensuite, on assiste à une scène au cours de laquelle le président de la séance explique en résumant au public dans sa langue ce qui a été dit. [108a]

L'état de tension dans lequel se déroulèrent ces rencontres, l'emploi d'un langage dur et des échanges féroces sont bien rendus par notre récit. «Vous, peuple méprisé, dites-moi si vous admettez ou non que le Messie est venu!» [103a] s'exclame Paul qui, dans la convocation aux rencontres, promet de fournir les preuves de ce que les juifs sont «sans foi, un peuple de 'bougres' qui mérite d'être placé sur le bûcher» [102a]. Se tournant vers la foule parisienne, il se serait écrié [110b-111a]: «Ecoutez, vous tous, l'infamie et la honte qu'ont infligées ces juifs à notre Messie Jésus, lui qui n'avait jamais nui, ils l'ont transpercé, tué et pendu, ils lui ont fait subir tous ces terribles tourments et tortures. Ses miracles sont évidents et pourtant ils ne reconnaissent pas encore leur péché. Ils méritent d'être tués comme ils l'ont tué, et malheur aux personnes qui les tolèrent.» Envers son adversaire juif, Paul ne ménage pas non plus ses mots: «Jusqu'à quand tromperas-tu le monde et liras-tu comme tu le sais, alors que tu ne sais pas ce qui sort de ta bouche, car tu es un parfait ignorant?» [106b] En comparaison, le ton de la question qu'il pose à un autre moment à son adversaire est modéré: «Dis-moi, si tu maintiens toujours ton erreur, que le Messie n'est pas venu.» [105b]

Les propos du protagoniste juif sont marqués par la même véhémence: il s'adresse au frère Paul en s'exclamant: «Pourquoi prêches-tu des mensonges et des mauvaises paroles? car les enfants savent déjà que '*pit'om*' ne signifie pas 'vite', etc.» [106a], «Frère Paul, pourquoi continues-tu obstinément à te prononcer sur ces sujets, alors que tout le monde sait que tu as tort?... Jusqu'à quand déformeras-tu l'Ecriture et tromperas-tu?» [105a] Peut-être même l'aurait-il véritablement maudit en disant publiquement: «Puisses-tu périr!» [106b], ainsi que notre récit tente de nous le faire croire. L'orateur juif, à une autre occasion, harangue en ces termes le public [106b]: «Sachez que frère Paul se moque de vous, comme un homme inculte. En vérité, il ne connaît rien à notre loi, il n'en a retenu que les fables.» Dès le commencement de notre récit [102b], ce mépris envers le converti est manifeste lorsque, dans ce qui ressemble à un discours inaugural, le protagoniste juif, comme on le verra tout à l'heure, essaie de discréditer Paul et ses connaissances des doctrines juives. Chez Naḥmanide en 1263 on décèle aussi un mépris certain envers son adversaire[9]. Paulus Christiani doit, entre autres, entendre de la bouche de Naḥmanide qu'il n'a aucune compétence dans le domaine de la jurisprudence rabbinique, son savoir se limitant à quelques *Aggadot*[10]. Il est publiquement ridiculisé lorsqu'il ne parvient pas à retrouver un paragraphe chez Maimonide[11]. Naḥmanide protesta auprès du roi en ces termes: «Je dois discuter de science avec un personnage sans connaissances et qui de plus ne comprend pas,» et d'ajouter: «qui mérite d'être jugé par des ignorants»[12]. Ici à Paris, les passions autour du converti «Paul» sont encore plus exacerbées. Lorsque Abraham ben Samuel évoque la polémique de Rabbi Yeḥiel avec le converti Nicolas Donin en 1240, il soutient que l'érudition de ce dernier était infiniment supérieure à celle du frère Paul: «Le petit doigt de ce premier renégat était plus gros que la taille de celui-ci. Il n'avait pas plus de valeur qu'une pelure d'oignon, car il ne sut jamais quoi que ce soit véritablement.» [102b] En ce qui concerne l'animosité que Paul affiche envers ses anciens coreligionnaires, notre orateur juif offre l'explication suivante [107b]: «Frère Paul s'émeut d'Israël parce qu'il a été expulsé d'Espagne en grande honte. Nos maîtres de là-bas l'avaient excommunié auparavant, car il avait renié sa religion et sa coulée était un mensonge, de ce jour il n'a eu de cesse d'anéantir la race sainte avec ses paroles.»

On doit se demander si le représentant juif s'est permis réellement de prononcer de telles paroles ou si ce n'est pas plutôt devant les lecteurs juifs de son temps, au moment de la rédaction définitive du récit, qu'il se laisse aller à employer de tels propos. Sans pouvoir répondre à cette question, on se contentera de noter que le récit de la controverse de 1240 contient des

[9] Je cite le récit de Naḥmanide d'après l'édition de Ḥayim Dov Chavel, «La polémique de Naḥmanide *(Vikkuaḥ ha-Ramban)*» (en hébreu), *Ecrits de Naḥmanide (Kitve Rabenu Moshe ben Naḥman)*, Jérusalem, 1963, p. 302-320. Il existe de ce texte une traduction française, une catalane, deux allemandes et trois anglaises. Pour le français, voir *Naḥmanide, La dispute de Barcelone, suivi d'un commentaire sur Esaïe 52-53*, trad. E. Smilévitch et L. Ferrier, (Verdier), Lagrasse, 1984. Pour le catalan, voir Jaume Riera i Sans, Eduard Feliu et Pasqual Maragall, éd., *Disputa de Barcelona de 1263 entre Mestre Mossé de Girona i frau Pau Cristià*, Barcelone, 1985. Pour l'allemand, voir Hermine Grossinger, «Die Disputation des Nachmanides mit Fra Pablo Christiani, Barcelona 1263», *Kairos*, NS XIX, 1977, p. 257-285, XX, 1978, p. 1-15, 161-181, et Hans-Georg von Mutius, *Die christlich-jüdische Zwangsdisputation zu Barcelona : nach dem hebräischen Protokoll des Moses Nachmanides*, Francfort-sur-le-Main et Berne, 1982. Enfin en anglais, voir Oliver Shaw Rankin, éd., *Jewish Religious Polemics*, Edimbourg, 1956, Hyman Maccoby, *Judaism on Trial: Jewish-Christian Disputations in the Middle Ages*, Oxford, 1982, et Ed.Ch. Chavel lui-même, *The Disputation at Barcelona*, New York, 1983.

[10] Chavel, *Naḥmanide*, p. 305.

[11] *Ibid.*, p. 315, 318-319.

[12] *Ibid.*, p. 314.

expressions non moins mordantes[13]. Donin est décrit comme «ennemi», «cruel», «insensé», tandis que Rabbi Yeḥiel perd parfois sa sérénité et emploie des injures: «Malheur à toi, car un souffle t'enverra paître. Tu as inventé des mensonges, car tu hais la vérité. Tu donnes libre cours à ta bouche pour le mal; ce sont des mots dérisoires sur tes lèvres»[14], s'exclame le rabbin, faisant allusion à ces versets bibliques bien connus. «Tu as ouvert ta gueule démesurément, parlant de choses que tu ne connaissais pas»[15], aurait-il dit à un autre moment.

E. Paulus Christiani à Paris

Le temps est venu de se prononcer sur l'identité de ce «frère Paul». Est-il possible de l'identifier avec Paulus Christiani, l'instigateur de la disputation de Barcelone en 1263? Comme le titre de ce paragraphe l'indique, je pense qu'il est possible de répondre par l'affirmative à cette question, et cela malgré quelques obstacles qu'il faudra néanmoins franchir.

Laissons de côté pour un moment les difficultés, pour insister sur le fait que frère Paulus Christiani entretenait pendant ces années précisément des rapports étroits avec la France capétienne, et qu'il avait l'oreille, pour ainsi dire, du roi lui-même. Trois documents latins et un texte hébreu en témoignent. Les deux premiers textes latins sont des ordonnances royales édictées par saint Louis le même jour, le mardi avant la Saint-Jean, c'est-à-dire le 18 juin 1269. Dans l'une le roi impose aux juifs le port de la rouelle tel qu'il a été décrété par le concile de Latran de 1215: «un signe distinctif, à savoir une roue de feutre ou d'étoffe jaune cousue sur le vêtement, devant la poitrine et derrière, pour être reconnu, roue dont la largeur de la circonférence doit être de quatre doigts, et le creux, d'une main entière»[16]. Le décret

[13] Je cite d'après Samuel Grünbaum, *La polémique de R. Yeḥiel de Paris (Vikkuaḥ Rabenu Yeḥiel mi-Paris)* (en hébreu), Thorn, 1873; une nouvelle édition serait la bienvenue.

[14] Grünbaum, *Vikkuaḥ*, p. 6.

[15] Grünbaum, *Vikkuaḥ*, p. 9.

[16] Le texte est publié dans *Ordonnances des roys de France de la troisième race*, éd. Eusèbe-J. de Laurière *et al.*, 21 volumes, Paris, 1723-1849. Volume I, p. 294 : *Quoniam volumus quod Judæi a Christiani discerni valeant & recognosci, vobis mandamus quatenus, ad requisitionem dilecti nobis in Christo fratris Pauli Christiani, de ordine Fratrum prædicatorum, imponatis omnibus & singulis Judæis utriusque sexus signa. Videlicet unam rotam de feutro, seu panno croceo, in superiori veste consutam, ante pectus & retro, ad cognitionem, cujus rotæ latitudo sit in circumferentia quatuor digitorum, concavitas autem contineat unam palmam. Si quis Judæus postmodum sine signo inventum fuerit, inventori vestis ejus superior concedatur. Et nihilominus idem Judæus qui sic inventus fuerit sine signo, puniatur usque ad decem libras, ita tamen quod pœna ejus summam non excedat prædictam, & hujusmodi emenda ponatur ad partem per nos, vel de mandato nostro in usus pios. Actum Parisiis, die Martis ante Nativitatem beati Joannis Baptistæ, anno 1269.* Pour une traduction française, cf. Gérard Nahon, «Les ordonnances de saint Louis sur les juifs», *Les nouveaux cahiers*, VI, Paris, 1970, n° 23, p. 29.

est formel: cette mesure fut prise «à la demande de notre cher frère dans le Christ, Paulus Christiani, de l'ordre des Frères prêcheurs».

L'autre ordonnance est beaucoup plus directement en rapport avec notre controverse parisienne. Le roi présente le prêcheur à ses administrateurs, leur enjoint de prêter toute leur aide (et protection) à Christiani dans ses efforts pour prêcher les juifs[17]: «Nous vous mandons de faire comparaître en sa présence et à la réquisition de ce frère, et si besoin était, de retenir les juifs résidant en vos lieux et possessions, pour qu'ils entendent par lui et sans tumulte la parole de Dieu, et lui montrent leurs livres que le même frère demanderait. Sur les matières qui ont rapport avec leur loi, au sujet desquelles le même frère aura interrogé ces mêmes juifs tant dans les prédications et leurs assemblées qu'ailleurs, forcez-les à répondre complètement audit frère en toutes choses, sans calomnie ni subterfuge.»

Le troisième témoignage latin constitue une récapitulation des deux précédents[18]. Un chroniqueur anonyme nous parle d'un prêcheur venu de Lombardie en France (le nom de celui-ci manque dans l'original), vers la Pente-côte 1269 (c'est-à-dire vers le 9 juin 1269). Peu de temps après, «le vendredi après la translation de saint Martin», c'est-à-dire le 5 juillet 1269, les juifs parisiens «furent marqués par ordre du roi... d'une roue de feutre, devant et derrière, sur tous les vêtements dont ils se vêtaient». Mais ce chroniqueur anonyme nous livre encore plus de précisions, il nous informe que ce frère «expert en la loi mosaïque et en la nôtre»... «prêcha publiquement les juifs au Palais royal à Paris, ainsi qu'au couvent des Frères prêcheurs. Les juifs étaient venus là sur l'ordre du roi et il [le frère prêcheur] leur montra que leur loi était nulle et sans valeur».

Ce témoignage latin ainsi que les deux précédents, est corroboré et soutenu par un texte hébraïque (conservé aujourd'hui à la bibliothèque Victor-Emmanuel à Rome, Or. 53, fol. 21a,b), témoignage écrit à l'occasion de l'arrivée

[17] Ms. Bibliothèque nationale, fonds Dupuy 532, fol. 79a-b. Le texte et sa traduction sont publiés en annexes I et Ia de cette présente étude. Je dois cette référence ainsi que la suivante à R. Chazan, éd., *Church, State and Jew in the Middle Ages*, West Orange, N.J., 1980, p. 261-263.

[18] Léopold Delisle, «Notes sur quelques manuscrits du Musée britannique», *Mémoires de la société de l'histoire de Paris et de l'Ile-de-France*, IV, 1877, p. 183-238. Spécialement p. 189 : *Eodem anno [1269] die Veneris po[st translatio]nem sancti Martini, vel die Veneris sequenti, signati [fuerunt Judeis] Parisius, de mandato regis, existente preposito B[arbou], rotundo de fautre, ante et retro, in omnibus vesti[mentis que] vestiebant. Et ibidem : Eodem anno, circa Penthecosten, venit quidam frater de ordine Fratrum predicatorum, nomine [Paulus], de partibus Lumbardie, qui fuerat judeus et erat optimus clericus in lege mosayca et in lege nostra, et publice in curia regis Parisius et in curia Fratrum predicatorum predicabat Judeis, qui de mandato regis veniebant ibidem, ost[endens eis] quod lex sua nulla erat et quod non valebat, quod etiam [a longo tempore] eam non tenebant, immo ab omnibus ejus articulis [quotidie] deviabant.*

de Paulus Christiani à Paris[19]. L'écrivain anonyme affirme que «voici que maintenant vingt-neuvième année du sixième millénaire un renégat est arrivé de Montpellier... Il a déjà mené une controverse avec le maître, Moshé fils de Naḥman, en présence du roi d'Aragon, à Barcelone». Or la vingt-neuvième année du sixième millénaire correspond bien à l'an 1269. Il est ainsi évident que nos quatre textes parlent du même événement et qu'il ne s'agit dans ces quatre témoignages de nul autre que de Paul, adversaire de Naḥmanide en 1263. Je propose d'aller maintenant au-delà et de soutenir que notre manuscrit de Moscou représente le rapport rédigé par la partie juive sur le contenu de la controverse et son déroulement. Pour le faire, il reste encore deux difficultés à surmonter.

Il y a tout d'abord le problème de la chronologie. Tandis que tous les témoignages placent l'activité parisienne de Paulus Christiani en 1269, précisant même qu'il s'agit du milieu de la deuxième moitié de cette année, la datation que l'on trouve dans le récit du manuscrit de Moscou place théoriquement l'événement entre 1271 et 1273. En effet dans la même page et à quelques lignes d'intervalle, nous trouvons une fois l'année 5032 du comput (1271-1272) et par la suite l'année 5033 (1272-1273). Notre manuscrit évoque même la possibilité de l'an 1260, lorsqu'il constate [fol. 102b] que la controverse de Nicolas Donin de 1240 avait pris place «il y a environ vingt ans». Cependant le copiste dut ressentir une irrégularité à cet endroit, car il plaça un point au-dessus et au-dessous de la lettre hébraïque *kaf* (dont la valeur numérique est 20). Peut-être y avait-il dans l'original les deux lettres *kaf* et *ṭet* correspondant à 29, ce qui nous amènerait à 1269?

Comment expliquer alors les références à 1271 et même à 1273 dans notre texte? Nos auteurs et copistes se trompaient-ils? On observe que les lettres [fol. 102a] *lamed-bet* (= 32) et *lamed-gimel* (= 33) sont surmontées chacune d'un point. D'habitude ceci est l'indication de la date, cependant on peut se demander dans ce cas si le scribe n'a pas voulu indiquer une irrégularité. Ou l'auteur était-il en possession d'éléments que nous ignorons aujourd'hui? Est-il possible qu'un décalage de quelques années ait séparé l'arrivée de Paulus Christiani en France de la convocation des juifs dans le but d'écouter ses prêches? Peut-on penser qu'il pouvait s'agir d'une série d'événements (notre récit hébraïque insiste sur ce point) et que les différentes séances auraient été interrompues parfois pour des mois et même des années? Cette dernière possibilité, malgré le manque de preuves pour la soutenir, ne doit pas être écartée sans réflexion préalable. Le manuscrit Victor-Emmanuel, Or. 53, déjà cité, évoque en d'autres endroits les noms d'autres intervenants juifs dans des polémiques avec Paulus Christiani (surtout un certain

[19] Cf. l'étude de J. Rosental, «A Religious Disputation, etc.», citée dans la note 24 *infra*. Voir aussi les annexes II et IIa ci-dessous.

Menaḥem, mais aussi un Aaron[20], noms qui ne sont pas mentionnés dans notre manuscrit de Moscou). Il est donc parfaitement possible que ce que nous savons aujourd'hui sur la seconde controverse de Paris ne soit que la partie visible de l'iceberg et que les années 1269-1273 aient été le théâtre de plusieurs rencontres judéo-chrétiennes de ce genre.

Plus grave, au premier abord au moins, est la seconde difficulté, au sujet de l'appartenance conventuelle de Paulus Christiani. Tandis que tous les textes latins le concernant insistent sur sa qualité de frère prêcheur, notre récit hébraïque parle de Paul *ha-Ḥovel*, ce qui voudrait dire le Cordelier, c'est-à-dire le Franciscain. Par ailleurs, notre récit emploie à un autre endroit le terme «cloître des Cordeliers» (*ḥaṣar ha-Ḥovlim*, fol. 104b), ainsi que le terme de *rav ha-Ḥovel* pour désigner le maître des Cordeliers [108b]. Comment expliquer cette incohérence? Je pense qu'on peut la résoudre en insistant sur une autre signification du mot *ḥovel* en hébreu. Ce n'est bien sûr qu'au XIIIe siècle que le mot *ḥovel* prit le sens de «cordelier», suivant l'étymologie *«ḥevel»*, c'est-à-dire la «corde» que portaient les membres de cet ordre. Son sens premier cependant, tel qu'on le trouve dans la Bible, signifie «malfaisant» ou «celui qui tourmente». Il est donc tout à fait possible qu'il s'agisse de Paulus Christiani et que le terme *ḥovel* dans notre document ne soit pas employé dans son acception nouvelle et institutionnelle, mais dans son sens archaïque: dans un contexte à la fois passionnel et rempli d'animosité, Paul est traité comme un fauteur de troubles, *ḥovel* en hébreu. On doit ajouter en plus que notre deuxième controverse parisienne n'était pas le seul apanage des Franciscains, les Dominicains y participaient aussi. Une des séances au moins a eu lieu chez les Jacobins, à la rue Saint-Jacques. [110b]

Mais pour nous assurer de l'identité de «Paul» avec Paulus Christiani, il nous suffit de regarder le programme du débat qu'il a proposé aux juifs parisiens. Mettons donc en parallèle les textes de ces thèses telles qu'elles apparaissent dans le récit de Naḥmanide, dans le rapport latin fait en 1263 et dans notre récit de la seconde controverse de Paris[21]:

[20] Cf. l'étude de J. Rosental, «A Religious Disputation, etc.», (*ut infra* note 24), p. 69, qui propose d'identifier cet Aaron avec Aaron bar Yossi bar Aaron ha-Cohen, auteur du *Sefer ha-Gan*.

[21] Le récit latin est publié par Enrique Claudio Girbal, *Los judíos en Gerona*, Gérone, 1870, p. 66-68 (republié en photocopie par D. Romano, éd., *Per una historia de la Girona jueva*, I, Gérone, 1988). Je cite le texte d'après la publication par Heinrich Denifle, «Quellen zur Disputation Pablos Christiani mit Mose Nachmani zu Barcelona 1263», *Historisches Zeitschrift*, VIII, Munich, 1887, p. 225-244, et en particulier p. 231-234. Cf. p. 66 : *Proposuit dicto magistro judeo se cum Dei auxilio probaturum per scripturas communes et autenticas apud Judeos ista per ordinem quae sequuntur videlicet : Messiam qui interpretatur Christus, quem ipsi Judei expectabant, indubitanter venisse. Item ipsum Messiam sicut prophetatum fuerat, verum Deum et hominem debere esse. Item ipsum vere passum et mortuum esse pro salute humani generis. Item quod legalia sive cerimonialia cessaverunt et cessare debuerunt post adventum dicti Messiae.* Le récit de Naḥmanide est cité selon l'édition de Ḥ.D. Chavel, «La polémique de Naḥmanide *(Vikkuaḥ ha-Ramban)*» (en hébreu), *op. cit.*, I, Jérusalem, 1963, p. 302-320, en particulier p. 303 : ובכן הסכמנו לדבר תחלה בענין המשיח אם כבר בא

Deuxieme controverse de Paris. Récit hébraïque Ms. Moscou 1390	Barcelone, 1263 Récit de Naḥmanide	Barcelone, 1263 Compte rendu latin
La première consiste dans le fait que vous dites d'après les prophètes que le Messie n'est pas venu. En suivant vos livres, je vais vous démontrer qu'il est déjà assurément venu et arrivé.	D'abord, en ce qui concerne le Messie, s'il est déjà venu comme le croient les chrétiens ou s'il va venir comme le croient les juifs.	Que le Messie, dont l'interprétation est «Christ», et que les juifs attendaient, est venu sans aucun doute.
La seconde réside dans le fait que ce même Messie dont parlent les prophètes est né sans père d'une jeune fille vierge, comme je vous le prouverai, et que personne n'a eu de rapports avec elle.	Puis, si le Messie est Dieu ou s'il est simplement un homme né d'une union d'un homme et d'une femme.	
En troisième lieu, je vous démontrerai que ce même Messie était divin et qu'il a pris chair dans cette même jeune fille.		Que le Messie, ainsi que cela avait été prophétisé, devait être à la fois Dieu et homme.
Quatrièmement, ce même Messie, dont parlaient les prophètes alors qu'ils prophétisaient à son sujet, était destiné à subir une mort qui s'appelle «Passion», afin de sortir son peuple de l'enfer.		Qu'il avait souffert et était mort pour le salut du genre humain.
Cinquièmement ce même Messie, qui était divin, a dédaigné et annulé la totalité de la loi de Moïse et le rôle de ceux qui s'en réclament.	Est-ce que les juifs tiennent la vraie religion ou est-ce que ce sont les chrétiens qui la pratiquent?	Que les dispositions légales et cérémonielles ont cessé après la venue dudit Messie.

כפי אמונת הנוצרים או אם הוא עתיד לבא כאמונת היהודים. ואחרי כן נדבר אם המשיח הוא האלוה ממש או אם הוא איש גמור נולד מאיש ואשה. ואחר כך נדבר אם היהודים מחזיקים בתורה האמתית או הנוצרים עושים אותה. Pour la seconde controverse de Paris, cf. ms. Günzburg 1390, fol. 102a-b. Pour le rapport entre les deux récits, le latin et l'hébreu, de la controverse de Barcelone, cf. l'article de

L'examen des cinq propositions que Paul a présentées aux juifs avant la discussion permet de se rendre compte que ce sont exactement les mêmes que celles que Paulus Christiani a présentées en 1263. La concordance entre le programme tel qu'il a été présenté dans le récit latin de Barcelone, et aussi à un degré moindre par Naḥmanide, et le texte de notre controverse est étonnante. Les thèses sont les mêmes et elles sont présentées dans une séquence identique.

Donc pour établir l'identification de «Paul ha-Ḥovel» avec «Paulus Christiani», nous avons d'abord les trois textes latins de 1269, corroborés par un texte en hébreu de la même année. De plus, son programme de débat est identique à celui qu'il avait conçu six ans auparavant à Barcelone. S'il est besoin d'une preuve supplémentaire, on la trouvera dans le livre *Maḥazik 'Emuna* écrit quelques années plus tard à Avig-non par un rabbin, Mordechai ben Yehosephia, contre Paulus Christiani[22]. Mordechai connaît l'exégèse qu'a inventée Paulus Christiani sur l'enseignement talmudique «le monde durera six mille ans». Il la cite de la manière dont nous l'avons reconstituée au fol. 111b et l'attribue à «l'homme bien connu», *ha-'ish ha-yadu'a*, qui n'est autre que Paulus Christiani[23].

Un mot s'impose, finalement, en ce qui concerne l'origine de Paulus tel qu'il est vu par ses contemporains. «Lombardie», «Espagne» et «Montpellier» sont citées par différentes sources, comme nous l'avons constaté. Ceci est très probablement le résultat des pérégrinations de Paulus, de ses voyages en Espagne, dans la France du Sud et du Nord, en Italie, et qui sait encore où, qui ont rendu les chercheurs perplexes et ont entraîné une certaine confusion. Là aussi, le manque de cohérence de nos informations ne doit pas nous dissuader de voir en toutes ces personnes un seul Paulus Christiani.

Les juifs de Paris, pour se préparer à la controverse avec cet ennemi redoutable, se sont procuré une copie du récit de Naḥmanide rédigé après la controverse dont il fut le héros. Le manuscrit Or. 53 de la bibliothèque Victor-Emmanuel à Rome contient un bref résumé de la relation de Naḥmanide

Yitzhak Baer, «The Disputations of R. Yechiel of Paris and of Nachmanides» (en hébreu), *Tarbiz*, II, 1931, p. 172-187, ainsi que pour la réponse cf. José María Millás Vallicrosa, «Sobre las fuentes documentales de la controversia de Barcelona en el año 1263», *Anales de la universidad de Barcelona, memorias y comunicaciones*, 1940, p. 25-43.

[22] Sur le *Maḥazik 'Emuna* et les conditions dans lesquelles il a été écrit, cf. Ernest Renan, *Les rabbins français du commencement du quatorzième siècle*, [Histoire littéraire de la France, XXVII], Paris, 1877, rééd. Farnborough, 1969, p. 562-571, et dernièrement R. Chazan, «Chapter Thirteen of the *Mahazik Emunah*: Further Light on Friar Paul Christian and the New Christian Missionizing», *Michael: On the History of the Jews in the Diaspora*, éd. J. Shatzmiller et Sh. Simonsohn, XII, Tel-Aviv, 1991, p. 9-26.

[23] Le seul manuscrit existant du *Maḥazik 'Emunah* est celui du Vatican, héb. 271. Il est très difficile à déchiffrer, malheureusement. Les propos qui nous intéressent apparaissent à la fin du manuscrit, au dernier folio (il n'y a pas de foliotation): מה שכתבו חכמי׳ במס׳ תנא דבי אליהו שיתא אלפי חוי עלמי,ב׳ אלפי תהו ב׳ אלפי תורה ב׳ אלפי ימות חמשיח, ופי האיש הידוע ב׳ אלפי ימות המשיח בלא תורה וכו׳.

rédigé, selon une étude récente, dans la France du Nord[24]. Ce résumé commence avec ces précieuses constatations concernant la «vingt-neuvième année du sixième millénaire» et le renégat «qui a déjà mené une controverse avec le maître Moshe fils de Naḥman à Barcelone». Ensuite sont présentées les interrogations de Paulus et les réponses de Naḥmanide dans l'ordre qu'il leur donnait dans son récit. En fait Abraham ben Shemuel répliqua à Paulus en employant les mots de Naḥmanide: «Comment se fait-il, demande-t-il, que les Sages du Talmud, qui ont vécu cinq siècles après Jésus, sont restés fidèles à la religion juive?» répliquant à la thèse de Paul selon laquelle on peut trouver l'annonce de cette arrivée à travers des textes talmudiques. C'est toujours grâce à ce résumé que le champion des juifs de Paris se préparera à faire face aux attaques de Paulus lorsque celui-ci affirmera que c'était en fait Jésus qui était visé quand la Genèse (49,10) parle de «Shilo»; de même qu'un arabe aurait annoncé à un juif (*Eikha Rabbati* 1,51, etc.): «Votre messie est venu» ou, selon Paulus, que le prophète Elie annonçait l'arrivée du Messie et que «c'est Jésus, lui qui règne à Rome» (*Sanhedrin* 98a). D'autres arguments de Naḥmanide aideront les juifs parisiens à soutenir que Jésus était «un homme et non une divinité» et que rien n'est changé depuis son arrivée: les guerres entre nations continuent, et tel est le cas des souffrances humaines. Curieusement, la longue discussion de Barcelone autour de Daniel 9,24, «soixante-dix semaines sont fixées sur ton peuple... pour faire cesser l'iniquité, etc.», paragraphe qui deviendra tellement central dans la deuxième controverse de Paris, ne figure pas dans notre résumé. Or les juifs de Paris seront obligés de le discuter longuement et en détail pour leur part.

Il est bien possible que l'arsenal à la disposition des juifs de Paris en 1269-1273 comportait un autre manuscrit conservé aujourd'hui à la Bibliothèque nationale de Paris (héb. 712). C'est un codex que Michel Garel situe à Paris au cours des années 1270-1280[25], qui ne contient que deux ouvrages, tous deux consacrés à la polémique antichrétienne. Il s'agit du récit du débat (*Vikkuaḥ*) de Rabbi Yeḥiel en 1240, ainsi que du livre de *Yosef ha-Meqaneh* (Joseph le Zélateur), un recueil de courtes polémiques engagées par Joseph

[24] Sur ce manuscrit, cf. Ephraim Urbach, «Etudes sur la littérature polémique au Moyen Age», *Revue des études juives*, C, 1935, p. 49-77, ainsi que Joel E. Rembaum, «A Reevaluation of a Medieval Polemical Manuscript», *Association for Jewish Studies Review*, V, 1980, p. 81-89. Des passages importants de ce manuscrit (qui a peut-être été préparé à l'occasion de notre deuxième controverse de Paris) ont été publiés par Judah Rosental. Cf. «A Religious Disputation between a Jewish Scholar Called Menahem and the Convert Pablo Christiani», *Hagut Ivrit ba-'America: Studies on Jewish Themes by Contemporary American Scholars*, éd. M. Zohori, A. Tavtakover et H. Ormian, III, 1974, p. 61-74; *id.*, «Polemical Chapters (Pirke Vikkuaḥ)», *Studies in Honor of S.W. Baron (Hebrew Section)*, Jérusalem, 1975, p. 63-77.

[25] Cf. le catalogue exemplaire de M. Garel, *D'une main forte, Manuscrits hébreux des collections françaises*, Paris, 1991, p. 87. M. Garel place le manuscrit, en France, parmi ces manuscrits «insulaires et continentaux».

ben Nathan «l'Official» et ses contemporains de la première moitié du XIIIe siècle. Notons aussi que les folios 56b-57b et 66b-68b de ce manuscrit parisien contiennent un recueil de versets du Nouveau Testament, transcrits en lettres hébraïques et vocalisés, accompagnés de gloses en hébreu, sans doute pour fournir des arguments au polémiste juif. Ainsi, vu les soins que les juifs ont mis pour se procurer un résumé du récit de Naḥmanide, on est en droit de se demander si ce codex héb. 712 n'était pas transcrit lui aussi à l'occasion de cette seconde polémique avec Paulus Christiani.

F. L'échange, la polémique.

Nous voilà donc en présence du programme de Barcelone, qui devra se dérouler en terre française. Comme là-bas, la polémique sera consacrée à des éclaircissements philologiques portant sur l'interprétation de tel ou tel mot-clé en hébreu et les deux partis se lanceront dans des calculs chronologiques, afin de découvrir laquelle des prophéties aurait déjà pu annoncer Jésus. A tout ceci, il convient d'ajouter la grande innovation de Paulus Christiani: la littérature talmudique – tellement attaquée à Paris en 1240 – va servir à démontrer la vérité évangélique. Lorsque Paul évoque l'hérésie cathare («Bougres»), menaçant de la placer sur le même plan que le judaïsme de son temps, il cherche à démontrer probablement qu'en niant la troisième proposition «que le Messie... a pris chair dans une jeune fille», les juifs se sont placés dans le même camp que les cathares[26]. Cependant ce point n'est pas développé dans le texte tel que nous le connaissons aujourd'hui.

Les versets bibliques et les passages talmudiques cités par Paul et discutés par Abraham ben Samuel sont pour la plus grande partie des classiques du genre. Nous en mentionnerons quelques-uns sans chercher à en dresser un catalogue exhaustif. Lorsque Paul annonce le premier d'entre eux, Isaïe 7,14: «Voici, la jeune fille va être enceinte», l'auteur du récit fait observer que Paul reprend les propos hérétiques (*paqar* en hébreu[27]) qui ont déjà été

[26] Pour les doctrines cathares et pour l'emploi du terme «bougres», je renvoie aux articles de Christine Thouzellier, *Hérésie et hérétiques : Vaudois, Cathares, Albigeois*, Rome, 1969, p. 223-262, ainsi qu'aux synthèses bien connues d'Arnaud Borst, *Les Cathares*, trad. Ch. Roy, Paris, 1974, p. 211, ainsi que de J.H. Duvernoy, *Le catharisme, la religion des Cathares*, Toulouse, 1976, p. 309-311. La mise au point la plus récente et la plus importante est celle de Monique Zerner, «Du court moment où on appela les hérétiques des «bougres», Et quelques déductions», *Cahiers de civilisation médiévale*, XXXII, 1989, p. 305-324. L'étude minutieuse de Mme Zerner a montré que «l'apparition du nom de bougres pour citer les hérétiques est tardive (il apparaît d'abord aux alentours de 1200 et réapparaît vers 1235), et elle se produit dans un espace limité à la France du Nord» (p. 322).

[27] Concernant la signification de ce verbe *paqar*, tellement fréquent dans la littérature polémique juive de l'époque, il faut noter la traduction (au pluriel) qu'en donne Raymundus Martini dans son *Pugio fidei* (ms. Sainte-Geneviève, Paris, lat. 1405, fol. 128b) : «*Epicure facti sunt heretici.*» Sur l'importance de ce manuscrit, voyez Ch. Merchavia, «Sur les versions hébraïques du *Pugio fidei* dans le manuscrit [de la bibliothèque de] Sainte-Geneviève» (en hébreu), *Kiryat sefer*, LI, 1976, p. 283-288

tenus à ce sujet [103b]. Une très longue discussion est déclenchée sur un verset devenu classique dans la polémique judéo-chrétienne, celui de la prophétie de Daniel 9,24-25: «Soixante-dix semaines sont fixées sur ton peuple et sur ta ville sainte, pour faire cesser l'iniquité, pour sceller le péché, pour expier l'offense, pour faire venir la justice éternelle, pour sceller vision et prophète et pour oindre le Saint des Saints, etc.»[28] Paul cherche à démontrer que la prophétie a pris fin en Israël seulement avec Jésus et non pas avant. Mais est-il possible chronologiquement d'envisager que Daniel aurait déjà fait une allusion au Christ qui ne vécut que peu avant la destruction du second Temple? Le verset de Malachie 3,1 est un texte d'importance primordiale dans l'argumentation de Paulus Christiani. Peut-on imaginer qu'il s'agisse d'une promesse divine pour la fin des temps lorsqu'on lit: «et soudain (*pit'om*) arrivera dans son Temple le Seigneur que vous réclamez et le Roi de l'alliance que vous désirez?» [fol. 106a-b] Il est évident que pour Paulus la partie clé du verset était *et soudain arrivera dans son Temple*. Mais le protagoniste juif refusa la traduction «soudain» pour l'hébreu *pit'om* dans ce contexte et suggéra que le mot *pit'om* devait être pris dans le sens de «surprise» ou «moment de désespoir», ce qui était une interprétation toute différente. De même, quand Paul cite une maxime talmudo-midrashique selon laquelle les juifs auraient tué leur messie, Abraham ben Samuel insiste sur le fait que le terme *ḥalal* ne signifie pas seulement «tuer», mais aussi «désacraliser». [fol. 111a-b]

Nous avons déjà noté que dans la controverse judéo-chrétienne on connaît assez bien l'assertion attribuée à l'école d'Eliahu selon laquelle les six mille ans d'existence du monde seraient chronologiquement divisés en trois périodes égales: deux mille ans de chaos, deux mille ans de règne de la Torah, et enfin une ère messianique de deux mille ans. Arrivé à cet endroit du document, il m'a fallu reconstituer massivement le texte [fol. 111a-b]. Paulus, comme j'ai déjà eu l'occasion de le dire, tente alors de trouver dans ce verset une preuve pour étayer la cinquième proposition de son programme: à partir de l'an quatre mille, avec la venue du Christ, les préceptes de la Torah auront perdu leur valeur et seront en effet tombés en désuétude.

Ces arguments-là sont bien connus dans la polémique de l'époque que l'on trouve dans notre récit. Cependant, ici à Paris la polémique s'engage aussi autour de versets peu utilisés ailleurs. Ainsi Paul se réfère [fol. 107b-108a] à une liste généalogique de I Chroniques 3,24: «et les fils d'Elyoènaï: Hodaïahou, Elyashib, Pelayah, Aqqoub, Jokhanan, Pelayah, Anany, sept»,

[28] Sur l'histoire de l'interprétation chrétienne et juive de ce fameux passage, cf. l'étude toujours classique de Franz Fraidl, *Die Exegese der siebzig Wochen Daniels in der alten und mittleren Zeit*, Graz, 1883. Notons que Jacob b. Reuben refusait de se lancer dans un débat concernant ce passage, le trouvant trop compliqué. Cf. Judah Rosental, éd., *Jacob ben Reuben, Les guerres du Seigneur (Milḥamot ha-Shem)* (en hébreu), Jérusalem, 1963, p. 136.

pour démontrer que cet Anany ne peut être que Jésus-Christ. Dans un autre ordre d'idée, il cite [109b-110a] le Midrash *Shir ha-Shirim* sur Cantique 1,14: «C'est une grappe de cyprès mon bien-aimé, pour moi parmi les vignes d'Engadi», comme preuve à la fois que le Christ connaissait déjà toute la littérature rabbinique et qu'il était homme de Dieu. Le savant juif réclame, dramatiquement, qu'on lui montre le livre et découvre alors que Paul avait tronqué la phrase, sans tenir compte du fait qu'elle ne se terminait qu'à la page suivante. De semblables coups de théâtre n'ont pas manqué au cours de cette controverse. Et quand Paul évoqua [110b-111a] la responsabilité des juifs dans la mort du Christ, le représentant juif s'exclama: «Frère Paul, pourquoi évoques-tu la mort de Jésus qui a eu lieu aux temps anciens, car n'était-ce pas l'accomplissement de sa volonté et ne leur a-t-il pas pardonné? Pourquoi nous accuser et nous livrer à cette populace? Nous ne te craindrons pas et ils ne t'obéiront pas. Car le roi nous tolère, *a fortiori* les sages des nations, les princes et le pape qui sont instruits et intelligents.»[29]

Il y eut un autre échange, cette fois entre l'orateur juif et la foule parisienne [106b-107a], lorsque Paul s'obstina à démontrer que les juifs faisaient le signe de la croix dans leur prière matinale[30]. Il fait en effet allusion à la coutume selon laquelle les juifs hochaient la tête de haut en bas et de droite à gauche, c'est-à-dire vers le ciel, la terre et les quatre points cardinaux, ceci bien sûr pour reconnaître la plénitude divine sur le monde. «Adjurez-le de secouer la tête et vous le verrez,» dit Paul aux dirigeants du débat. Cela lui valut une réponse virulente de la part du rabbin [106b-107a] que nous avons déjà cité, qui apostropha la foule en clamant: «Sachez que frère Paul se moque de vous, etc.»

Enfin nous assistons à un dialogue entre le rabbin et le «maître des Cordeliers responsable de la controverse» qui pourrait être saint Bonaventure (mort en 1274), bien que son nom ne soit pas expressément mentionné [108b]. Le maître cherchait à savoir quelles étaient les raisons invoquées par les juifs pour nier l'accomplissement des prophéties concernant la venue du Christ. Le juif répondit en citant évidemment Isaïe 2,1-6: «Ils martèleront leurs épées pour en tirer des hoyaux et leurs lances pour en tirer des faucilles, etc.», insistant aussi sur le fait que depuis l'arrivée du Christ «les hommes

[29] Cf. la note 187 de l'annexe III pour la constatation selon laquelle le Christ avait pardonné aux juifs. Cf. aussi sur ce sujet en général Jeremy Cohen, «The Jews as the Killers of Christ in the Latin Tradition, from Augustine to the Friars», *Traditio*, XXXIX, 1983, p. 3-27, ainsi que William Chester Jordan, «The last Tormenter of Christ: An Image of the Jew in Ancient and Medieval Exegesis, Art and Drama», *The Jewish Quarterly Review*, LXXVIII, 1987, p. 21-47; *id.*, «The Erosion of the Stereotype of the Last Tormentor of Christ», *The Jewish Quarterly Review*, LXXXI, 1990, p. 13-44.

[30] Cf. la note 103 du texte hébraïque ainsi que la récente étude de notre ami Victor Klagsbald, «Comme un lis entre les chardons», De la symbolique de la fleur de lis aux origines du *magen David*», *Revue des études juives*, CL, 1991, p. 133-150.

n'ont pas cessé de se tuer l'un l'autre». Mais le maître des Cordeliers riposta en alléguant que tout ceci devait être compris comme une allégorie et une parabole, mais ne pouvait être pris au pied de la lettre[31]. Il ajouta encore qu'avant la venue du Christ on assista dans le monde à une période de paix absolue de six années[32]. Ce dernier argument fut aisément repoussé par le juif: «Pensez-vous sérieusement que le prophète fit une si longue prédiction pour une paix si brève?» Alors le maître des Cordeliers évoqua l'exil, dur et difficile, vécu par les juifs de son temps: «Vous êtes plus méprisables et plus maudits que tous les autres peuples,» dit-il, ajoutant immédiatement: «et pour quelle faute l'êtes-vous, sinon pour le péché contre Jésus que vous avez transpercé?» Notre texte (qui un peu plus loin sera déchiré comme nous l'avons expliqué plus haut) n'est certainement pas complet à cet endroit. Il semblerait que le maître aurait suggéré ensuite la conversion, proposition qui fut rejetée avec fermeté par le représentant juif: «Comment un sage comme vous peut-il proposer d'échanger notre Loi contre la durée de l'exil?»

G. Un document latin: la «sentence» du roi de France.

La controverse, pour les raisons techniques que nous avons décrites, reste pour nous inachevée et incomplète. Vers la fin telle que nous la possédons, nous constatons un glissement rapide du domaine de l'exégèse et de la théologie au domaine politique. La question du statut des juifs en terre chrétienne

[31] Raymundus Martini dans son *Pugio fidei*, (ms. Sainte-Geneviève 1405, fol. 94a) s'appuie sur le *Mishneh Torah* de Maimonide pour dire que ce fameux verset d'Isaïe «*parabola et enigma est*».

[32] L'origine de cette constatation se trouve chez Paul Orose, *Historiarum adversum paganos libri VII accedit eiusdem liber apologeticus*, Vienne, 1882, rééd. Hildesheim, 1967, VI,22 : *[1] Itaque anno ab Urbe condita DCCLII, Caesar Augustus ab oriente in occidentem, a septentrione in meridiem ac per totum Oceani circulum cunctis gentibus una pace conpositis, Iani portas tertio ipse tunc clausit, [2] quas ex eo per duodecim fere annos quietissimo semper obseratas otio ipsa etiam robigo signauit ; nec prius umquam nisi sub extrema senectute Augusti pulsatae Atheniensium seditione et Dacorum commotione patuerunt. [3] Clausis igitur Iani portis rempublicam quam bello quaesiuerat pace enutrire atque amplificare studens, leges plurimas statuit per quas humanum genus libera reuerentia disciplinae morem gereret. [5] Igitur eo tempore, id est eo anno quo firmissimam uerissimamque pacem ordinatione Dei Caesar conposuit, natus est Christus cuius aduentui pax ista famulata est, in cuius ortu audientibus hominibus exultantes angeli cecinerunt «Gloria in excelsis Deo, et in terra pax hominibus bonae voluntatis.» Eodemque tempore hic ad quem rerum omnium summa concesserat dominum se hominum appellari non passus est, immo non ausus, quo uerus dominus totius generis humani interhomines natus est*. Cf. p. 53 ci-dessous. Il faut ajouter que Raymundus Martini, dans son *Capistrum judaeorum* de 1267, maintient que la paix était perturbée par la révolte juive. Cf. Paris, Bibliothèque nationale, ms. lat. 3643, fol. 43b : «*In tempore Christi summa pax donnec Judei contra Romanos rebellerunt.*» Le même argument réapparaît au fol. 54a-b: «*In tempore domini Jhesu fuit magna pax et etiam post mortem eius donec judei moverunt guerram insurgendo contra Romanos ad malum suum XL anni a passione Christi.*»

est évoquée avec insistance par la partie chrétienne. Le maître des Cordeliers, en soutenant que la punition grave et sans merci qui est infligée aux juifs correspond à l'énormité du crime qu'ils ont commis contre le Christ, ne voit probablement aucune autre solution pour eux que d'abandonner leur religion s'ils souhaitent demeurer en terre chrétienne. Paulus Christiani, dans sa harangue telle que la rapporte notre récit hébraïque, s'adresse aux autorités chrétiennes: «Malheur aux personnes qui les tolèrent!» [fol. 111a], étant donné leur impardonnable péché: «Ils l'ont transpercé, tué et pendu, ils lui ont fait subir tous ces terribles tourments et tortures.» Plus que cela: «Ses miracles sont évidents, et pourtant ils ne reconnaissent pas encore leur péché. Ils méritent d'être tués comme ils l'ont tué.» Et sa conclusion, citée tout à l'heure, est qu'il ne faut plus les tolérer.

Face à cet assaut contre les droits politiques des juifs, leur champion fait appel aux coutumes qui avaient cours en son temps où «le roi nous tolère, *a fortiori* les sages des nations, les princes et le pape qui sont instruits et intelligents» [fol. 111a]. On se souvient que, plus de trente ans auparavant, Rabbi Yeḥiel affirmait sa confiance dans la solidité du statut des juifs, bien qu'ils soient étrangers en France, car «cette monarchie aussi bien que le pape ordonnent de toute leur autorité de nous protéger, de nous permettre de vivre et d'avoir notre subsistance dans leurs territoires»[33] [fol. 12]. Le récit hébraïque de 1240 met dans la bouche de la reine Blanche la déclaration suivante [fol. 2]: «Il est de notre intention de vous protéger vous et les vôtres. Ceux qui vous font du mal commettent un crime et un péché. C'est ainsi que nous [suivons ce] que nous avons trouvé dans les écrits et que nous [avons entendu] de la bouche du pape.»[34]

Mais, du côté chrétien, la tentation d'établir un lien entre la politique et la théologie était trop forte. Notre récit hébraïque, qui a bien sûr pour mission de rapporter les victoires juives au cours de la controverse, va apparemment trop vite en éliminant la suggestion du maître des Cordeliers et en réfutant les propos de Paulus Christiani au sujet de l'intolérance. On est même en droit de se demander si le maître des Cordeliers fut réellement satisfait de la réponse juive. Paulus Christiani se laissa-t-il impressionner par le discours juif à propos de l'attitude tolérante du pape et des autorités chrétiennes envers les juifs? Un document latin, jadis publié par Ch. Merchavia[35], permet de penser que tel ne fut pas le cas, tout au contraire même. Le texte qui serait, lui aussi, issu d'une polémique judéo-chrétienne tenue devant le roi de France, se limite aux questions de la responsabilité juive dans la crucifixion, de la

[33] Grünbaum, *Vikkuaḥ*, cf. note 13, *supra* p. 16.

[34] *Ibid.*, p. 2.

[35] Cf. Ch. Merchavia, «Un documento desconocido sobre la historia de los judíos en la Francia medieval», *Sefarad*, XXVI, 1966, p. 53-78. Pour une traduction, voyez l'annexe IVa de notre ouvrage.

sévérité de leur exil qui en est la conséquence et de l'impossibilité de les tolérer en terre française tant qu'ils persistent à refuser la conversion. Ainsi le sujet, qui dans le récit hébraïque n'a de place qu'au second rang, devient l'élément essentiel dans ce texte latin.

Intitulée, *Sentence rendue par l'illustre roi de France à l'encontre des juifs habitant dans sa domination,* la pièce ne contient ni le nom de son auteur, ni la date de sa rédaction, ni même le nom du roi de France. Ce manque de précisions, cet aspect énigmatique, indiquerait qu'il s'agissait plutôt d'un projet, ce que l'on appellerait aujourd'hui un «document de travail»[36], et non pas d'une vraie «sentence définitive». Le seul personnage juif dont le nom est cité, un certain «maître Samuel», – s'agirait-il de Samuel de Château-Thierry?[37] – fut à deux reprises invité avec certains de ses collègues à paraître devant le roi. Ils devaient le convaincre qu'il y avait des raisons pour tolérer les juifs dans son royaume, malgré le refus de ces derniers de voir un rapport entre leur condition exilique et leur culpabilité envers Jésus. Le nom du saint roi Louis *(sanctus Ludovicus rex Ffrancie)* est mentionné à propos de sa décision de brûler les livres du Talmud après 1240. Son nom apparaît cependant dans le tout dernier paragraphe sans lien apparent avec le contenu de cette «sentence», et je me demande s'il ne s'agit pas d'une adjonction ultérieure.

Il vient immédiatement à l'esprit la possibilité que Paulus Christiani ait été l'instigateur de ce projet de «sentence», qui serait ainsi la conséquence de cette seconde controverse parisienne: trop de points communs, qui sautent aux yeux, existent entre ces deux documents, le récit hébraïque de Moscou et le document latin de l'Escurial. Dans les deux la question de la tolérance des juifs apparaît bel et bien liée à la crucifixion, crime historique que les juifs payent d'un exil dur et impitoyable. Le représentant juif, maître Samuel, prétend ne pas connaître la raison de cet exil. Pour lui comme pour ses collègues cet événement participe du secret divin. Les théologiens du roi, pour affirmer que la raison est aussi claire qu'indubitable, développent dans la deuxième partie de la «sentence» (comme nous le verrons plus loin) plusieurs arguments, s'appuyant sur des citations bibliques que l'on a déjà vues dans le manuscrit 1390 de Moscou.

Les similitudes vont même au-delà de ces citations: les cinq questions posées par Paul lors de la seconde controverse de Paris sont reprises dans

[36] Pour un document du même genre, voir Maurice Jusselin, «Projet d'ordonnance concernant la situation des juifs sous Jean II le Bon», *Revue des études juives*, LIV, 1907, p. 142-146, et Shulamit Shachar, «The Jews in the Eyes of Court-Writers and their Status by Royal Decrees in the Reign of Charles V of France» (en hébreu), *Zion*, XXXIII, 1968, p. 1-14.

[37] Cette possibilité m'a été indiquée par Gérard Nahon. Sur ce savant, voir Henri Gross, *Gallia judaica, Dictionnaire géographique de la France d'après les sources rabbiniques*, Paris, 1897, rééd. Amsterdam, 1969, p. 39 et 258, et récemment, Norman Golb, *History and Culture of the Jews of Rouen in the Middle Ages, op. cit.*, p. 154-155.

cette «sentence» latine, dispersées il est vrai dans les différents passages de celle-ci[38]. Ainsi, pour la première proposition «Vous dites d'après les Prophètes que le Messie n'est pas encore venu», nous avons dans les paragraphes 80, 82 et 83 de la «sentence» les constatations suivantes: «Ils ont renié le Seigneur, ils ont dit: «Il n'existe pas.» (Jérémie 5,11-12)... ils nient eux-mêmes le Messie vrai et primordial... [et] «il n'est pas lui-même» le Seigneur que nous attendons.» Pour ce qui est de l'essence à la fois divine et humaine du Messie (propositions 2 et 3 de Paul), nous lisons au paragraphe 119: «Parce qu'ils disent que la divinité ne devait pas s'incarner dans le Messie annoncé de sorte que le Messie soit homme et Dieu.» La Passion du Christ, qui constitue le quatrième chef d'accusation chez Paul lors de la seconde controverse de Paris, est mentionnée au paragraphe 54: «Parce que, comme Isaïe l'avait prédit, celui que les pères attendaient comme rédempteur, pour qu'il les sorte de l'enfer, il devait mourir pour eux, etc.» Enfin, la cinquième proposition concernant la nouvelle loi du Christ qui annule la précédente, celle qui avait été donnée aux juifs par Moïse, occupe toute la série des paragraphes 39 à 43. Nous lisons notamment dans la conclusion [n° 42]: «Voici en quels termes il leur avait expressément annoncé qu'il allait leur donner un jour une nouvelle loi ou une nouvelle alliance ou testament.»

Pour combattre les juifs et démontrer la vérité chrétienne, notre texte latin fait référence, surtout dans sa deuxième partie [articles 22 *sq.*] à une panoplie de versets bibliques. Certains d'entre eux nous sont déjà connus à travers le texte hébraïque de Moscou. Ainsi n'est-on pas étonné de trouver à deux reprises la référence à Malachie 3,1: «Soudain arrivera dans son saint Temple le Seigneur» [paragraphes 56, 90], insistant [n° 92] sur l'interprétation donnée par Paul de l'adverbe *statim*, ou de Aggée 2,9: «Plus grande sera la gloire de cette Maison, de la seconde plus que de la première», et surtout la longue discussion de Daniel 9,24-27 [100-112]: «Soixante-dix semaines sont fixées sur ton peuple, etc.» De même l'attention de Paul est attirée, selon notre récit hébreu [108a], par le fait que le Targum de Zacharie parle du Messie, notre «sentence» latine [n° 97] insiste: «Et dans le Targum, c'est-à-dire la traduction qu'ont faite les juifs de l'Ecriture sainte dans la langue chaldéenne, on trouve: «*adeyse Messia*», ce qui veut dire: «jusqu'à ce que le Messie vienne», citant le targum de Genèse 49,10: *"ad de-yété Mesiḥa'*.

Les correspondances entre ces deux textes, l'hébreu et le latin, sont trop nombreuses pour voir dans ces coïncidences le fruit d'un hasard qui les aurait amenés fortuitement à traiter des mêmes problèmes dans les mêmes termes.

[38] Le manuscrit conservé aujourd'hui à la bibliothèque de l'Escurial n'est certainement pas l'original. Copié probablement vers le milieu du XIVe siècle (peut-être dans sa première moitié même) il contient à plusieurs reprises des fautes et des erreurs. Le copiste ou un de ses prédécesseurs devait avoir devant les yeux un manuscrit qui a facilité la confusion entre les lettres *u* et *n*, ainsi qu'entre *c* et *t*.

Cependant nous sommes obligés d'en rester là, sans poursuivre l'hypothèse plus loin. Pour le moment, il nous manque une preuve tangible pour relier ces deux textes avec une absolue certitude. L'état très endommagé du récit hébreu ainsi que le caractère énigmatique pour ne pas dire elliptique de la «sentence» latine ne facilitent en rien notre tâche. Si l'on ajoute à cela que Louis, roi de France, se voit attribuer au dernier paragraphe le terme de «sanctus», alors que le processus de cette canonisation ne fut achevé qu'en 1297, le décalage chronologique de vingt-cinq ans entre le récit hébraïque et la sentence accentue encore le manque de certitude. Peut-être dans l'avenir des textes nouveaux viendront-ils éclaircir ces difficultés.

H. Conclusion

L'importance de Paulus Christiani dans l'agitation antijuive des années 60 et 70 du XIIIe siècle ne fait pas de doute. Il en fut l'instigateur principal, et ces faits, les gens du Moyen Age les connaissaient déjà. Le chronographe des juifs provençaux, Isaac de Lattès, rédigeant son livre une centaine d'années plus tard (son *Shaare Zion* fut achevé en 1371)[39], connaissait l'histoire d'un «Paul», élève de ses illustres ancêtres, rabbins de renom, qui s'était converti et qui aurait «beaucoup peiné notre peuple... Il y avait beaucoup de malheurs et de tribulations à cause de ses fantaisies et de ses paroles». Isaac de Lattès savait aussi que Mordechai ben Yehosephia d'Avignon composait un ouvrage polémique contre lui, appelé *Maḥaziq 'Emuna*, livre dont nous disposons aujourd'hui à la Bibliothèque du Vatican (Vat. hébr. 271). En effet, il y a déjà lieu de consacrer une monographie à Paulus Christiani. Pour le faire, il faut compter tout d'abord sur les récits des controverses de Barcelone et de Paris, ainsi que sur la polémique contenue dans le *Maḥazik 'Emuna*. En hébreu, nous avons aussi la lettre polémique que lui adressa un parent à lui, Jacob ben Elyahu, alors habitant de Venise, la ville de la lagune[40]. La documentation latine telle que l'a rassemblée Heinrich Denifle est relativement abondante et contient des lettres du roi d'Aragon, Jaime Ier, du pape Clément IV et du roi de France, le futur saint Louis. A ceci, il convient peut-être d'ajouter les suggestions que je fais, fondées sur une information indirecte d'après laquelle il aurait essayé d'empêcher les convertis d'être enterrés

[39] Salomon Buber, éd., *Schaare Zion, Beitrag zur Geschichte des Judenthums bis zum Jahre 1372, von Rab. Isaac de Lattes* (en hébreu), Jarosław, 1885.

[40] Jacob Mann, «Une source de l'histoire juive au XIIIe siècle : la lettre polémique de Jacob b. Elie à Pablo Christiani», *Revue des études juives*, LXXXII, 1926, p. 363-378; l'original hébreu chez Joseph Isaak Kobak, éd., «La lettre polémique de Jacob de Venise» (en hébreu), *Jeshurun, Zeitschrift für die Wissenschaft des Judenthums*, LXVI, Bamberg, 1868, p. 1-34. Et tout dernièrement : R. Chazan, «The Letter of R. Jacob ben Elijah to Friar Paul», *Jewish History*, VI, 1992, p. 51-63.

selon le rite juif[41]. Si le projet latin «du roi de France» est inspiré par lui, nous le verrons sous une lumière encore plus sombre: c'est-à-dire qu'il envisageait l'expulsion des juifs des royaumes chrétiens. Ce qui a commencé par une controverse autour de points précis de chronologie et de linguistique biblique et talmudique, s'achève par une déclaration selon laquelle le roi de France affirme ne pouvoir «tolérer» les juifs dans son royaume. La seconde rencontre de Paris a donc préparé à sa manière l'expulsion des juifs de France en 1306. Dans notre récit, ce ne sont pas de vains mots [fol. 102a] qui décrivent Paul comme quelqu'un qui cherchait à «anéantir les restes du peuple saint sur les terres du roi de France».

Les juifs de Paris du XIIIe siècle, dont nous ne savons que peu de choses, apparaissent ainsi dans un moment particulièrement difficile de leur existence. Rassemblés contre leur gré pour une controverse qui ne les intéressait pas, cernés par une foule parisienne excitée par la démagogie religieuse d'un ennemi obstiné, ils remercient Dieu chaque fois qu'ils sont relâchés. Les autorités chrétiennes elles-mêmes réalisent combien ces assemblées deviennent dangereuses et cherchent par la suite une autre formule pour poursuivre la controverse. Les juifs, soulagés, décident de relater les événements dans la lettre hébraïque que nous avons devant nous, insistant bien sûr sur la sagesse du savant juif et l'adresse de ses réponses. Cependant ils n'avaient peut-être pas conscience que le parti chrétien ne se considérait pas comme battu, tant à Paris qu'à Barcelone. Tout au contraire. Employant la même argumentation et faisant référence aux mêmes versets bibliques et aux mêmes sources rabbiniques, ils croient avoir remporté la victoire.

Il est significatif que dans son *Pugio fidei*[42], l'œuvre polémique chrétienne la plus importante de l'époque, Raymundus Martini, qui avait collaboré avec Paulus Christiani en Espagne, suivait le programme de celui-ci tel qu'il était exposé à Barcelone et à Paris. Il acceptait ainsi l'interprétation de Paulus sur la division des six mille ans du monde en trois périodes[43]. Surtout, dans la troisième subdivision, *distinctio tertia*, de la dernière partie de sa grande somme on trouve répétées presque mot à mot les thèses et les thèmes de Paulus Christiani: le Messie, c'est Dieu[44]; dans les temps anciens, Dieu est maintes fois

[41] J. Shatzmiller, «Paulus Christiani : un aspect de son activité antijuive», *Hommage à Georges Vajda*, Peeters, Louvain, 1980, p. 203-217.

[42] Nous nous référons à deux éditions de cet ouvrage : *Pugio fidei Raymundi Martini adversus Mauros et Judæos...*, éd. Joseph de Voisin, Paris, 1651; *Raymundi Martini ordinis Prædicatorum Pugio fidei adversus Mauros et Judæos...*, éd. F. Lanckisi, Leipzig, 1687, rééd., Farnborough, 1967.

[43] Raymundus Martini, *op. cit.*, éd. Leipzig, p. 394-402 (éd. Paris, p. 315-322) : Secunda pars, Caput X, *Idem* [Quod Messias jam venit] *per Talmud.*

[44] *Id.*, éd. Leipzig, p. 660-680 (éd. Paris, p. 522-537) : Tertia pars, Dist. III, Cap. III, *In quo adhuc probatur quod Messias est Deus, et idcirco sufficit ad salvandum genus humanum.*

apparu sous la forme d'un homme[45]; le Messie devait naître d'une vierge, et c'est d'une vierge que le Christ est né[46]; la descente du Christ aux Enfers[47]; la Passion du Christ[48]. Il faut ajouter que deux chapitres de cette dernière section de la *Pugio*, intitulés *Les rites qu'il ne faut pas observer à la lettre*[49] et *La Nouvelle Loi du Messie et l'envoi de l'Esprit saint*[50], sont consacrés à la Nouvelle Loi, tellement centrale dans la polémique de Paulus Christiani. D'ailleurs la question d'une possible collaboration entre l'auteur du *Pugio fidei* et Paulus Christiani cst cncorc à voir. Martini était probablement présent à Barcelone en 1263, mais cela n'est pas sûr. Peu de temps après il a fait partie avec Paulus du comité qui a examiné les livres des juifs. Comme par hasard, Martini quitte Tunis pour regagner en septembre 1269 Aigues-Mortes, le port de croisade bâti par le roi Louis[51]. A-t-il accompagné l'ambassade de l'émir tunisien, Al-Mustansir, ambassade qui était présente le 9 octobre de la même année en l'abbaye de St-Denis, au baptême solennel d'un juif «de grand renom», baptême célébré avec l'assistance du roi en personne[52]? On peut se demander si tous les deux Dominicains, Martini et Christiani, se sont rencontrés à Paris cette année-là. Pier Francesco Fumagalli en effet, dans une étude récente, nous assure que Raymundus Martini était à Paris à la fin de 1269 pour y rencontrer le roi Louis et Thomas d'Aquin. Cela est tout à fait possible, on aimerait pourtant avoir des preuves plus solides d'une telle éventualité[53].

[45] *Id.*, éd. Leipzig, p. 727-734 (éd. Paris, p. 570-577) : Tertia pars, Dist. III, Cap. VI, *Ubi probatur quod Deus apparuit olim multoties, & multis in forma hominis.*

[46] *Id.*, éd. Leipzig, p. 737-753 et p. 755-764 (éd. Paris, p. 578-597) : Tertia pars, Dist. III, Cap. VII, *Quod Messias erat nasciturus de Virgine*; Tertia pars, Dist. III, Cap. VIII, *In quo probatur Christum fuisse de Virgine nasciturum.*

[47] *Id.*, éd. Leipzig, p. 873-876 (éd. Paris, p. 680-682) : Tertia pars, Dist. III, Cap. XVII, *De descensu Christi ad inferos.*

[48] *Id.*, éd. Leipzig, p. 840-873 (éd. Paris, p. 655-679) : Tertia pars, Dist. III, Cap. XVI, *De Passione Christi.*

[49] *Id.*, éd. Leipzig, p. 802-817 (éd. Paris, p. 626-637) : Tertia pars, Dist. III, Cap. XII, *De ceremonialibus non observandis ad litteram.*

[50] *Id.*, éd. Leipzig, p. 883-893 (éd. Paris, p. 688-695) : Tertia pars, Dist. III, Cap. XX, *De nova Lege Messiæ, & de Spiritus sancti missione.*

[51] André Berthier, «Un maître orientaliste du XIIIe siècle : Raymond Martin O.P.», *Archivum Fratrum praedicatorum*, VI, 1936, p. 267-311, notamment p. 268. Sur son activité à Tunis: A. Berthier, «Les écoles de langues orientales fondées au XIIIe siècle par les Dominicains en Espagne et en Afrique», *Revue africaine*, LXXIII, 1932, p. 84-103.

[52] L'événement est raconté par Geoffroy de Beaulieu dans sa *Vie de Louis IX*, cf. Recueil des historiens des Gaules et de la France, éd. Pierre-Claude-François Daunou et Joseph Naudet, XX, Paris, 1840, p. 22 : *Hic non silendum arbitror, quod cum in ipso anno, quo pius Rex debuit ultimo transfretare, rex Tunicii misisset ad eum solemnes nuncios, et in festo beati Dionysii Rex faceret quemdam Judæum famosum in ipsa ecclesia dicti beati Dionysii solemniter baptizari, ita quòd Rex ipse cum multis magnatibus ipsum de sacro fonte levaret, voluit quòd dicti nuncii regis Tunicii solemnitati ipsius baptismatis interessent.* Pour une traduction française de ce texte, cf. G. Nahon, *op. cit.*, p. 30.

[53] Pier Francesco Fumagalli, «I trattati medievali «Adversus Judeos», il *Pugio fidei* ed il suo influsso sulla concezione cristiana dell'ebraismo», *La scuola cattolica*, CXIII, Milan, 1985,

De la même manière, les observations de P.F. Fumagalli concernant la grande valeur du manuscrit Sainte-Geneviève 1405 sont à prendre très au sérieux[54]. Il s'agit tout d'abord d'un manuscrit du XIIIe siècle, produit donc à une époque presque contemporaine du *Pugio fidei* (achevé comme il est bien connu en 1278). La rédaction de ce manuscrit, les additions que l'on trouve dans les marges de plusieurs folios et des vignettes de parchemin collées en différents endroits, tout cela donne l'impression qu'il s'agit en partie au moins d'un original. Or, les paragraphes en hébreu, tellement nombreux, sont écrits d'une main sûre, sans aucune faute. On peut se demander si ce n'est pas la main de Paulus Christiani. Mais il est tout à fait possible qu'il s'agisse de l'écriture d'un autre assistant de Raymundus Martini.

p. 522-545, et en particulier p. 529. Cf. un avis beaucoup plus réservé chez A. Berthier, «Un maître orientaliste du XIIIe siècle : Raymond Martin O.P.», *Archivum Fratrum praedicatorum*, VI, 1936, p. 299-304.

[54] Cf. P.F. Fumagalli, *op. cit.*, p. 532, ainsi que l'article de Ch. Merchavia cité note 35.

LISTE DES ABRÉVIATIONS CONTENUES DANS LE MANUSCRIT
לוח הקיצורים וראשי התיבות המצויים בכתבי היד

או׳ - אומר
א״כ - אם כן
א״ל - אמר לו
אלמ׳ - אלמא
אמ׳ - אמר
אפי׳ - אפילו
בג״ע - בגן עדן
דכת׳, דכתי׳ - דכתיב
הב״ה - הברוך הוא
הק׳ - הקדוש ברוך הוא
הקב״ה - הקדוש ברוך הוא
וא״ת - ואם תאמר
וגו׳ - וגומר
ולפ׳ - ולפעמים
ועו׳ - ועוד
י״ש - ימח שמו
ית׳ - יתברך
כתי׳ - כתיב
מ״מ - מכל מקום
נאמ׳ - נאמר
ע״ז - עבודה זרה
ע״כ - על כן
פי׳ - פירש
פל׳ - פלוני
צ״ל - צריך לכם
קי״ש - 410
ר׳ - רבי
ר״ל - רוצה לומר
שמע״י - 420
שנ׳ - שנאמר
ת״ל - תלמוד לומר

LISTE DES ABRÉVIATIONS EMPLOYÉES DANS LES NOTES
לוח הקיצורים המצויים בהערות

בכה״י - בכתב היד
ב״מ - בבא מציעא
דה״י - דברי הימים
כה״י - כתב היד
עפ״י - על פי
שה״ש - שיר השירים
צ״ל - צריך להיות

ANNEXE I

Paris, le 18 juin 1269 – Saint Louis autorise Paulus Christiani à prêcher aux juifs. Il ordonne aux officiers royaux de lui prêter toute aide possible ainsi que de le protéger, lui et son entourage.

[79a] Mandement du Roy pour contraindre les Juifz à ouïr un Prêcheur Chrétien dénommé

Ludovicus etc. sicut supra. Cum dilectus nobis in Christo frater Christiani de ordine fratrum praedicatorum lator praesentium velit, et intendat ad laudem divini nominis praedicare judaeis, sicut intelleximus evangelisare ad christianae fidei exaltationem verbum lucis, mandamus vobis quatenus judeos in locis et potestatibus vestris existentes, ad requisitionem ipsius fratris faciatis et distringatis si opus fuerit [79b] in sua praesentia comparare, audituros ab ipso et sine verborum strepitu verbum Dei et eum ostensuros libros suos quos idem frater duxerit requirendos. Super iis etiam quae ad legem ipsorum pertinent de quibus idem frater ipsos interrogaverit eosdem judaeos tam in praedicationibus et eorum congregationibus quam alibi, dicto fratri in omnibus sine calumnia et subterfugio respondere plenius compellatis. Providentes insuper dicto de fideli custodia, et tuitione corporis sui secundum quod ab ipso fueritis requisiti [et] ne sibi aut societati suae inferatur ab aliquibus violentia vel gravamen aut impedimentum quodcumque. Durent istae litterae quamdiu nostrae placuerit voluntati. Actum Parisiis sicut in alia littera praecedenti.

[Actum Parisiis die martis ante nativitatem Joannis Baptistae anno Domini 1269[1]]

Source: Paris, Bibliothèque nationale, fonds Dupuy 532, fol. 79a-b.

ANNEXE Ia

Traduction du texte précédent.

[79a] Louis etc. comme ci-dessus. Puisque notre frère aimé dans le Christ, [Paul] Chrétien, de l'ordre des Frères prêcheurs, porteur des présentes, veut

[1] Date établie d'après l'ordonnance précédente, cf. fonds Dupuy 532 et *Ordonnances des rois de France*..., p. 294.

et a l'intention, pour la gloire du divin Nom, de prêcher aux juifs, comme nous le comprenons, d'annoncer pour l'exaltation de la foi chrétienne le Verbe de lumière, nous vous mandons de faire comparaître [79b] en sa présence et à la réquisition de ce frère, et si besoin était, de retenir les juifs résidant en vos lieux et possessions, pour qu'ils entendent par lui et sans tumulte la parole de Dieu, et lui montrent leurs livres que le même frère demanderait. Sur les matières qui ont rapport avec leur loi, au sujet desquelles le même frère aura interrogé ces mêmes juifs tant dans les prédications et leurs assemblées qu'ailleurs, forcez-les à répondre complètement audit frère en toutes choses, sans calomnie ni subterfuge. Prévoyez en outre pour ledit frère une garde fidèle et une protection du corps selon ce qu'il vous aura demandé, pour que nulle violence ou injure ou entrave quelconque ne soit infligée à lui ou à ses proches par personne. Cette lettre sera valide aussi longtemps qu'il plaira à notre volonté. Fait à Paris comme pour l'autre lettre précédente.

[Fait à Paris le mardi avant la Nativité de (saint) Jean-Baptiste en l'année du Seigneur 1269 (18 juin)]

ANNEXE II

Abrégé du récit de Nahmanide de la controverse de Barcelone en 1263. Un court résumé fait en 1269 dans la France du Nord. Les interrogations de Paulus Christiani ainsi que les réponses de Nahmanide sont présentées suivant l'ordre du récit. Le texte a été publié par Judah Rosental, «A Religious Disputation between a Jewish Scholar Called Menahem and the Convert Pablo Christiani», dans *Hagut 'Ivrit Ba'Amerika: Studies on Jewish Themes by Contemporary American Scholars*, volume III, Tel-Aviv, 1974, p. 61-73 (hébreu), en particulier p. 62-64. J'ai décidé de le republier ici avec des leçons parfois différentes. La ponctuation et la division en paragraphes sont miennes. Pour les additions qui se sont parfois imposées, elles figurent toujours, aussi bien dans la transcription que dans la traduction française, entre guillemets: ‹ ›. Toutes mes autres modifications et interventions sont mentionnées.

Source: Rome, bibliothèque Victor-Emmanuel, ms. Or. 53, fol. 21a-b.

הוי שקוד ללמוד תורה מה שתשיב לאפיקורוס[1]. הנה עתה כ״ט לפרט לאלף שישי בא משומד אחד ממונפלייר מגלה רזי תורה ופוקר על ההגדות של תלמודינו, וכבר עשה ויכוח אל הרב ר׳ משה בר נחמן לפני המלך מארגון בבארצלונא[2]. ושאל דגר׳ בסנהדרי׳[3]: חמישה תלמידי׳ היה לישו אייתיו למתיי, אמר להם: מתיי יהרג <דכתיב> ״מתי אבא ואראה אל״[4]. והכתי׳ ״מתי ימות ואבד שמו״[5]. וכתב רש״י: קרוב למלכות הוה. והרב לא רצה לענות בו, כי מעיקרי האמנה היה.

ואז שאל המין ואמ׳ שיוכיח מחכמי התלמוד שכבר בא משיח. וענה הרב מיד: והלא ביאת ישו בבית שני קודם חורבן, וחכמי התלמוד כגון ר׳ עקיבא וחבריו, ור׳ נתן ורב אשי שחברו התלמוד ורב שרירא גאון היו ד׳ מאות שנה אחר חורבן, והיה זה ה׳ מאות שנה אחר ישו; ואם כתבו כדבריו שביאת ישו הוא משיח, איך עמדו בדת יודים ומתו, הם ותלמידיהם השותי׳ דבריהם, ולא חזרו בדת ישו?

עוד שאל המין: ״לא יסור שבט מיודא״[6] וגו׳־אלמא בא משיח אחר שפסקה מלכות מזרע יודא. ויש להשיב כי קודם ביאת ישו פסקה המלכו׳ ימים רבי׳, כי בימי הילנית המלכה בא ישו. ועוד יש להשיב כי אמת שלא יסור, כי ישו מזרע יודא, וכשיבא משיח אז יסור השבט. עוד יש להשיב כי אפי׳ כך הוא לא יסור שבט מיודא, פי׳ לעולם לא יסור ״עד כי יבא שילה״־שיחזור הממלכה.

עוד שאל ממדרש איכה רבתי[7]: ״ההוא גברא דהוה רדי וגעת תורתא, ועבר חד ערביי וא״ל: בר יהודאי שרי תורתך שרי פדניך שרי קנקניך דאיחרוב בית מקדשכון. אדהכי והכי אתא עורב׳ ואמר ליה: אסור תורתיך אסור פדניך וסב קנקניך דאיתיילד משיחכון במתא. אתא אליהו ופירש לו דברי העורב. אמר: כשאלך לשם איך אכירנו? אמר לו: עשה לו מלבוש שעושין לנער כמין חגורה, וצעוק בשוקא ׳מאן בעי להאי׳. וכן עבד. אמרו לו הנשים: אמו של מנח׳ צריכה להא. הוליכוהו לביתה, אמרה ליה: בעידנא דהוא איתברי[8] אתא רוחא ועלעולא וחטפת מן ידי.״ והיקהה את שיניו ואמר לו: רשע, א״כ זה ישו? והוא ישו גדל והלך כאיש שלשים שנה! ועוד כי היה אומ׳ העורב מנחם היהודי: איתיילד משיח דידכון. אם היה מתנבא על ישו הלא עוד ניכר שלא <היה> בא להטיף לנו.

ועוד שאל מן הפרשה ״הנה ישכיל עבדי״[9] שמדברת על עניין ישו. והשיב לו כי במשיח שעתיד לגאל ישר׳ מדברת, כי מצינו שקרא לישר׳ ולדוד עבדיו, שנ׳: ״ויבחר

[1] אבות ב־יד׳.
[2] בכה״י- ׳ממונפיילר׳, ׳בבארצולא׳.
[3] מג,ב. וחסר בתלמודים שלנו. ר׳ ״ויכוח הרמב״ן״ בתוך ״כתבי רבינו משה בן נחמן״, יו״ל ע״י חיים דוב שעוועל, ח״א, ירושלים, תשכ״ג, עמ׳ ש׳ב־שכ׳, ביחוד עמ׳ ש״ב, הערה 1.
[4] עפ״י תהלים מב,ג.
[5] תהלים מד,ו.
[6] בראשית מט,י.
[7] איכה רבתי א,נז; ירושלמי ברכות ב,ד [הע״א]. הנוסח כאן שונה בהרבה מהנדפס.
[8] בכה״י ־ איתבריאת.
[9] ישעיהו נב,יג.

בדוד עבדו״[10]. ובישראל כתי׳: ״אל תירא עבדי יעקב״[11]. ואיך היה ישו? הלא כבר מת ימים רבים. ועוד שאתה אומ׳ כי ישו אלוה, ואיך היה קוריהו ״עבד״.

ועוד שאל: ר׳ יהושע זכרונו לברכה שאל לאליהו[12]: מתי יבא משיח? וענה לו: שאל לעצמו. שאל היכן הוא? א״ל: ברומי בין החולים. הלך ומצאו־א״כ כבר הוא בא, והוא ישו המולך ברומי. והשיב: מתחלת דבריך אתה נתפס־כיון ששאל ״מתי יבא״־א״כ לא בא עדין, אבל נולד הוא. ואל תתמה אם חי כל כך. מצינו אליהו וחנוך ואדם הראשון שהיו קרוב לאלף, כ״ש זה, שלא חטא, שדינו לחיות לעולם. ועו׳, שאתם מודים כי מביאת משיח נתבטל חטאו של אדם הראשון. ואם תאמרו מדין גיהינ׳ ולא ממיתה־הרוצה לשקר מרחיק עדיו. לפי שאין אנו יכולים לדעת <היאך> גיהינם נוהג

[21b] אתם אומרים כך; אבל שאר עונשים הכתובי׳ בשביל חטאו ״כי ארורה האד־מה״[13] ״וקוץ ודרדר תצמיח לך״[14], ״בזעת אפיך״[15], ״ואל עפר תשוב״[16], ״בעצבון תלדי בנים״[17]־ לא נתבטלו־א״כ איך בא משיח? ועוד איך להאמין שישו הוא משיח והוא כתי׳ עליו ״ומושלו מים ועד ים ומנהר עד אפסי ארץ״ [18]; והוא לא משל בחייו, שהיה נרדף ומתחבא מפני אויביו, ונפל בידם. ועל עצמו לא היה יכול להושיע ואיך יושיע ישר׳? ועוד כי לא האמינו בו אלא אחרי מותו, וזו ברומי בלבד וישמעאלים המאמיני׳ במחומיט תקפים ורבי׳ בגדולה ובכבוד מכם. ועוד־ כי הנביא אמר כי אחרי ביאת משיח ״לא ילמדו איש את רעהו ואיש את אחיו, כי כולם ידעו את ה׳ מקטנים ועד גדולים״[19], ואו׳ ״כי מלאה הארץ דעה את ה׳״[20], ואו׳: ״וכתתו את חרבותם לאיתים וחניתותיהם למזמרות ולא ישא גוי אל גוי חרב ולא ילמדו עוד מלחמה״[21] ־א״כ שקר ניבא הנביא? ועו׳ כי ישו או׳ בעון גיליון שלא בא להשים שלום בעולם כי אם חרב.

ועו׳ יש להשיב למין אם תאמין באגדה פי׳ האגדה ״והכה ארץ בשבט פיו״[22] אומ׳ למלך המשיח מדינת פלונית מורדה בך,־ויאמר: יבא הגובאיי ויחריבנה. אכסנייא[23] פלוני׳ מורדה בך־ יבא ערוב ויכלה אותה״.

עוד שאל: חכמיהם אומרי׳ שמשיח נכנס בגן עדן מפני שראה אבותיו עובדי ע״ז ופירש מהם, לפיכך גנזו הבורא לגן עדן־א״כ הוא ישו. וענה לו: מדבריך אתה נתפס, אם ישו

[10] תהלים עח,ע.
[11] ישעיהו מד,ב.
[12] סנהדרין צח,א.
[13] בראשית ג,יז.
[14] שם, יח.
[15] שם, יט.
[16] שם.
[17] עפ״י בראשית ג,טז.
[18] עפ״י תהלים עב,ח.
[19] עפ״י ירמיהו לא,לג.
[20] ישעיהו יא,ט.
[21] שם ב,ד.
[22] מדרש תהלים ב,ג. ישעיהו יא,ד.
[23] במדרש תהלים כתוב ׳אפרכיה פלונית מרדה בך׳, וכך צ״ל.

היה אלו, איש היה ולא אל. ועו׳, כי הוא נמנה עם אותם י״ב שנכנסו בג״ע מחיים ומונה סרח בת אשר. ואם אלוה היה־והלא בשמים כסאו.

עוד שאל מספר הגדה שמשיח ימות וימלוך בנו ובן בנו. וענה: ״הב לי ספרך״ וימצא כתוב בו: ״המלך המשיח עתיד לעמוד לישראל, ובונה בית המקדש ומקבץ נדחי ישר׳״[24]. ועל זה אמ׳ לו: א״כ לאו הוא ישו־דהיכן מצינו בית המקדש שבנה וקיבץ גליות?

ועוד שאל: אם משיח מאיש ומאשה הוא. ויען: ״ויצא חוטר מגזע ישי״[25] וא״ת הוא ישו-אינו מזרע דוד אלא מצד אמו, ובת אינה יורשת לפני הבן.[26] אלמא לא יחס.

עוד שאל במזמור ״נאום ה׳ לאדוני שב לימיני״[27]. ויען הרב: דוד תיקן המזמור ללוים המשוררים נאום הבורא לאדוני דוד ״שב לימיני״, כלומ׳ הק׳ עוזר לו מימינו החזקה.

עוד שאל מהגדה שהק׳ מושיב משיח לימינו ואברהם משמאלו. ויען הרב: ״הב לי ספרך״. וימצא כתוב בו[28]: ״לעתיד לבא מושיב משיח לימינו ואברה׳ לשמאלו ופניו של אברהם מכורכמות, ואמ׳: ״בן בני[29] לימינו ואני לשמאלו״? והק׳ מפייסו״. ואם היה אל למה היו פניו מכורכמות? ועו׳, מה היה אומ׳ ״בן בני״־<בן בתי> היה לו לומר.

עוד שאל מתור׳ כהני׳ ״והתהלכתי בתוככ׳״[30]. משלו משל למה הדבר דומה למלך שיצא לטייל עם אריסו בפרדס והיה הוא מטהר[31] לפניו. אמ׳ לו המלך מה לך ליטהר מלפני, הריני כיוצא בך. כך עתיד הקב״ה לטייל עם הצדיקי׳ בגן עדן, וצדיקים רואין אותו ומזעזעים מלפניו, והק׳ אומ׳ לה׳: מה לכם להזדעזע מלפני־הריני כיוצא בכם. יכול לא תבא מוראי עליכם. ת״ל: ״והייתי לכם לאלהים ואתם תהיו לי לעם״[32]. השיב הרב: ישו היה נרדף כל ימיו והיה בורח, ואם כך לא היה כמותם, ולא היה מוראו עליהם.

ANNEXE IIa

Traduction du texte précédent.

Applique-toi à l’étude de la Loi afin de savoir comment répliquer à l’épicurien. Voici que maintenant, vingt-neuvième année du sixième millénaire,

[24] עפ״י הלכות מלכים פרק יא׳.
[25] ישעיהו יא,א.
[26] בבא בתרא קטו,ב.
[27] תהלים קי,א.
[28] מדרש תהלים יח,כט. ושם כתוב ׳בן בני יושב לימין׳ וכך צ״ל.
[29] בכה״י ־ בן בני בני.
[30] ויקרא כו,יב. ויקרא רבה בחוקותי א,ג.
[31] בדפוסים שלנו מוצאים ׳והיה אריס מטמר לפניו׳ וכ׳, וכך כנראה צ״ל.
[32] ויקרא כו,יב.

un renégat est arrivé de Montpellier: il dévoile les secrets de la Loi et débauche les *Aggadot* de nos Talmuds. Il a déjà mené une controverse avec le maître Moshe fils de Naḥman en présence du roi d'Aragon à Barcelone. Il questionna sur ce que nous apprenons dans le traité de Sanhédrin: Jésus avait cinq disciples. Ils firent venir Mataï[1], celui-ci leur dit: «Mataï sera-t-il tué, comme il est écrit: «Quand viendrai-je voir Dieu?»[2] N'est-il pas écrit: «quand mourra et son nom périra»[3]? Rashi a écrit: «Il était proche du pouvoir royal.» Mais le maître ne voulut pas lui répondre, car cela tenait de l'essence même de la foi.

Le renégat demanda alors et dit qu'il prouverait à partir des Sages du Talmud que le Messie était déjà venu. Le maître répondit immédiatement: La venue de Jésus ne précède-t-elle pas la destruction du second Temple? Des Sages du Talmud comme Rabbi Aqiba et ses collègues, Rabbi Natan et Rabbi Ashi qui ont rédigé le Talmud, ainsi que Rav Sherira Gaon[4], n'ont-ils pas vécu quatre siècles après la destruction, ce qui fait cinq siècles après Jésus? Comment se fait-il, s'ils ont écrit, comme il le prétend, sur la venue de Jésus qu'il était le Messie, qu'ils sont restés fidèles à la religion des juifs et qu'ils sont morts, eux et leurs disciples qui buvaient leurs paroles, sans passer à la religion de Jésus?

Le renégat demanda: «Le sceptre ne s'écartera pas de Juda,»[5] n'est-ce pas que Jésus est venu comme Messie après qu'eut cessé la royauté de la race de Juda? On doit répondre que la royauté avait cessé bien longtemps avant la venue de Jésus, car il est arrivé du temps de la reine Hélène[6]. On doit répondre également qu'il est vrai qu'il ne s'en écartera jamais, que Jésus est de la race de Juda, et qu'au moment de la venue du Messie, il s'en écartera. On doit encore rétorquer que même ainsi, le sceptre ne s'écartera pas de Juda, cela signifie qu'il ne s'en écartera jamais «jusqu'à ce qu'il vienne à Siloé»[7], jusqu'à la restauration du royaume.

Il questionna aussi le Midrash des Lamentations[8]: Sur cet homme qui était en train de labourer et dont le bœuf meuglait. Un arabe vint à passer et lui dit: «Juif, délivre ton bœuf, détache ton joug et défais ta charrue car votre Temple a été détruit.» Il fit ainsi et ainsi, l'arabe revint et lui dit: «Rattache ton bœuf, rattache ton joug et refais ta charrue, car votre Messie est né.»

[1] Mathieu. Ce mot signifie aussi *quand* en hébreu. Tout ce passage est basé sur ce jeu de mot.

[2] D'après Psaumes 42,3.

[3] Psaumes 41,6.

[4] On comprend mal la présence ici de Sherira Gaon (*ca.* 906-1006), avant-dernier gaon de Pumbedita.

[5] Genèse 49,10.

[6] La référence ici est : Hélène, reine d'Adiabène, qui s'est convertie au judaïsme vers l'an 30 de notre ère. Cf. *Encyclopaedia judaica*, VIII, Jérusalem, 1972, col. 288-289.

[7] Genèse 49,10.

[8] Eikha Rabbati 1,51. Talmud de Jérusalem, Berakhot 2,4.

Elie vint lui expliquer les paroles de l'arabe. Il dit: «Quand j'irai là-bas, comment le reconnaîtrai-je?» Il lui dit: «Fais un vêtement, du type du lange que l'on fait à un nourrisson et va crier au marché: «Qui en a besoin?» Il fit ainsi. Les femmes lui dirent: «La mère de Menaḥem en a besoin.» On le conduisit à sa maison et elle lui dit: «Quand j'ai enfanté, un vent est venu et une tempête l'a pris de mes mains.» Il lui dit de manière agaçante: «Impie, alors ce serait Jésus? Alors que Jésus a grandi et a vécu comme un homme pendant trente ans!» De plus, c'était pour conforter le juif que l'arabe a dit: «Votre Messie est né.» Si c'était Jésus qu'il avait eu dans l'esprit, il ne serait certainement pas venu vous le prêcher.

Il questionna aussi le passage «Voici que mon serviteur réussira,»[9] qui est appliqué à Jésus. Il lui répondit qu'il s'appliquait au Messie futur qui viendra délivrer Israël, «car on trouve qu'il appelle Israël et David, ses serviteurs, comme il est dit: «Il a choisi en David son serviteur.»[10] Sur Israël, il est écrit: «Ne crains rien, mon serviteur, Jacob.»[11] Comment s'agirait-il de Jésus? N'est-il pas mort depuis longtemps? De plus, tu dis que Jésus est divin, comment pourrait-il l'appeler serviteur?

Il questionna encore[12]: Rabbi Josué, que sa mémoire soit bénie, demanda à Elie: «Quand viendra le Messie?» Et il lui répondit: «Demande-le-lui.» Il lui demanda: «Où se trouve-t-il?» Il lui dit: «A Rome parmi les malades.» Il y alla et le trouva. Donc il est déjà arrivé et il n'est autre que Jésus, lui qui règne à Rome. Il répondit: «Tu es pris en défaut par le début de tes paroles, car il a demandé: «Quand viendra-t-il?» c'est donc qu'il n'était pas encore venu, mais qu'il est né. Ne sois pas surpris qu'il soit vivant si longuement. Nous avons Elie, Hénoch et Adam qui vécurent près d'un millénaire, *a fortiori* celui-ci, qui n'a pas fauté, son destin est de vivre éternellement. En plus, vous reconnaissez que la venue du Messie efface le péché du premier homme. Si vous dites qu'ils sont destinés à la géhenne et non à la mort, vous êtes comme celui qui veut mentir et qui écarte ses témoins. C'est parce que nous ne pouvons pas savoir ce qui se passe dans la géhenne [21a] que vous dites ceci. Mais les autres châtiments: «car la terre est maudite[13], épine et ronce, il fera croître[14], à la sueur de ton visage[15], à la poussière, tu retourneras[16], dans la souffrance, tu enfanteras des fils,»[17] n'ont pas été supprimés. S'il en est ainsi, comment le Messie serait-il venu? De

[9] Isaïe 52,13.
[10] Psaumes 78,70.
[11] Isaïe 44,2.
[12] D'après Sanhedrin 98a.
[13] Genèse 3,17.
[14] Genèse 3,18.
[15] Genèse 3,19.
[16] Genèse 3,19.
[17] D'après Genèse 3,16.

plus, comment peut-on croire que Jésus est le Messie alors qu'il est écrit sur lui: «et son pouvoir s'étend de la mer à la mer, du fleuve jusqu'aux confins de la terre.»[18] Tandis que lui, toute sa vie, il n'a jamais été au pouvoir, car il était pourchassé et se cachait de ses ennemis entre les mains desquels il tomba. Il ne pouvait pas se sauver lui-même, comment aurait-il pu sauver Israël? De plus, on ne crut en lui qu'après sa mort, et ce seulement à Rome. Les musulmans qui croient en Mahomet sont plus forts, plus grands et plus glorieux que vous. De plus, le prophète a dit qu'après la venue du Messie «on n'aura plus à instruire chacun son prochain, ni chacun son frère car tous connaîtront Dieu, du plus petit au plus grand[19], il dit remplie est la terre de la connaissance de Dieu[20], et ils martèleront leurs épées pour en tirer des hoyaux, et leurs lances pour en tirer des faucilles. Une nation ne lèvera plus l'épée contre une autre et ils n'apprendront plus la guerre.»[21] Le prophète a-t-il donc menti? De plus Jésus dit dans l'Evangile qu'il n'est pas venu pour apporter la paix dans le monde, mais l'épée.

Il faut encore répliquer au renégat: Si tu crois en la *Aggada*, explique celle sur «et il frappera la terre avec le sceptre de sa bouche,»[22] qui dit au roi Messie: «Le pays untel se révolte contre toi.» Il dit: «Que les sauterelles viennent et le détruisent! La province une telle se révolte contre toi, que les insectes viennent et la mangent!»[23]

Il demanda encore: Leurs Sages disent que le Messie est entré au jardin d'Eden, car il a vu ses pères pratiquer l'idolâtrie et il s'est séparé d'eux. C'est pourquoi le Créateur l'a caché dans le jardin d'Eden. C'est donc Jésus. Et il lui répondit: Tu es pris par tes propres paroles, car s'il s'agit de Jésus, c'est donc un homme et non une divinité. De plus, il compte parmi les douze qui sont rentrés vivant dans le jardin d'Eden, parmi lesquelles Serah, fille d'Asher. S'il était divin, ne devrait-il pas siéger dans les cieux?

Il demanda encore à partir du livre de la *Aggada*, <*Aggada*> d'après laquelle le Messie mourra et son fils régnera, ainsi que le fils de son fils. Il répondit: «Amène-moi ton livre,» et il se trouva qu'il y était écrit: «Le roi Messie se dressera en Israël, il construira le Temple et regroupera les exilés d'Israël.»[24] A ce propos, il lui dit: Ainsi donc, il ne s'agit pas de Jésus, car où trouvons-nous le Temple qu'il a construit et le regroupement des exilés?

Il demanda encore si le Messie était d'une femme ou d'un homme. Il répondit: «Un rameau sortira du tronc d'Ishay,»[25] or tu dis que c'est Jésus, lui qui

[18] D'après Psaumes 72,8.
[19] D'après Jérémie 31,34.
[20] Isaïe 11,9.
[21] Isaïe 2,4.
[22] Isaïe 11,4.
[23] Midrash des Psaumes 2,3.
[24] D'après *Mishneh Torah*, *Hilkhot Melakhim* 11.
[25] Isaïe 11,1.

n'est de la race de David que par sa mère. Mais une fille ne peut hériter avant le fils. Ainsi, il n'y a pas ici de lignage.

Il demanda encore sur le Psaume «Oracle de Dieu à mon seigneur: Assieds-toi à ma droite.»[26] Le maître répondit: David a composé ce psaume pour les chantres des Lévites comme un oracle de Dieu à monseigneur David, «assieds-toi à ma droite,» c'est-à-dire que Dieu l'aide de sa droite puissante.

Il demanda aussi la *Aggada* où Dieu assied le Messie à sa droite et Abraham à sa gauche. Le maître répondit: «Amène-moi ton livre.» Il trouva qu'il y était écrit: «Dans le futur, il assiéra le Messie à sa droite et Abraham à sa gauche, le visage d'Abraham devint blême et il dit: Un fils de mon fils à sa droite et moi à sa gauche? Et Dieu le réconforta.»[27] Et s'il avait été divin, pourquoi son visage aurait-il été blême? De plus, pourquoi dit-il «fils de mon fils,» alors qu'il devrait dire «<fils de ma fille>»?

Il questionna aussi le Lévitique: «Je marcherais parmi vous.»[28] Sa parabole[29] est: A quoi cela est-t-il comparable? A un roi qui va se promener avec son fermier dans son verger, mais ce dernier cherchait à se cacher de lui. Le roi lui dit: «Pourquoi cherches-tu à te cacher de moi, ne suis-je pas comme toi?» Ainsi le Saint, béni soit-il, se promènera-t-il avec les justes dans le jardin d'Eden. Les justes, en le voyant, trembleront devant lui. Et le Saint leur dira: «Pourquoi tremblez-vous à cause de moi, ne sommes-nous pas semblables? Puisse ma crainte ne pas venir sur vous!» L'enseignement dit: «Je serai Dieu pour vous, et vous me serez peuple.»[30] Le maître répondit: Jésus a été pourchassé et a fui toute sa vie. Si c'est ainsi, alors il n'était pas comme eux et il ne leur inspirait pas de crainte.

ANNEXE III

Récit en hébreu de la deuxième controverse de Paris. Il s'agit d'une série de controverses; dans l'une d'elles le représentant juif était Abraham ben Samuel de Rouen. Le texte est incomplet, il manque au moins un folio au milieu du récit, et il est évident que plusieurs manquent à la fin. Dans la présente édition, dont la ponctuation et la division en paragraphes sont miennes, toutes les modifications sont signalées. Pour les additions qui se sont parfois imposées, elles

[26] Psaumes 110,1.
[27] *Yalquṭ*, Psaumes, 869.
[28] Lévitique 26,12.
[29] *Yalquṭ Shim"oni*, *Beḥuqotay*, 672.
[30] Lévitique 26,12.

figurent toujours, aussi bien dans la transcription que dans la traduction française, entre crochets triangulaires. Parfois, quand j'estimais que le texte était lacunaire ou déficient, je l'ai représenté par trois points entre crochets triangulaires.

Source : Moscou, Bibliothèque de Russie, ms. Günzburg 1390, fol. 102a-111b.

[102a] אלו תשובות המין אשר קם עלינו בשנת ל״ב לפרט, ובא מאספמ<י>א לכלות שארית ישראל, והיה שמו פול החובל. ״לפי׳ נקראו חכמי׳ סופרים שהיו סופרים האותיות״[1] להשיב האפיקורוסים, וכל מקום שפקרו תשובתם בצדם[2]. ולפי׳ נקראו המינים כופרים, שכופרים על מה שכתו׳.

תחלת דברי פל הכופר אשר בא מאספמיא לכלות שארית עם קדש[3] אשר בכל הארצות [sic!] המלך צרפת ביקש להשמיד ולאבד טף ונשים[4], ומקצת סודו של מין הראשון אשר היה בימי הר׳ יחיאל לקח, וכמהו היה לפניו. וגם הרשיע והחטיא יותר ויותר, כי עד יום מתו לא שלו ולא שקט ולא שאנן מפשע[5].

ויהי בשנת ל״ג לפרט אלף ו׳ בא המין פול ושלח אחרי כל הרבנים וכה אמ׳ בדברו אלהים לפני ההמון [אולי:ההגמון] מפריש ורבני גלחות שהיו לשם: שמעו אלי בית יעקב וכל משפחות בית ישראל, דעו אם לא תשמעו לשוב ־ עליכם[6] להניח אמנתכם בעבור תשובות נוצחות שאראה לכם. לא אניח עד אראה נקמתי מכם ודמכם לנפשתיכם אדרוש[7]. כי אני רוצה להתוכח לכם שאתם בלא אמנה, עם שקורין בוגרא״ש[8], וראויין לישרף. ואודיעכם הקושיות <ה>הם, וכל אחת ואחת מהם[9] יש לשפוט עליכם דין מות. ועתה התבוננו ושלחו אחרי כל גדוליכם והשיבוני בלא דחוי, כי כן צויתי[10] מאת המלך להביאכם עד קץ, עת תכלית[11].

הראשונה היא על שאתם אומ׳ על פי הנביאי׳ שמשיח לא בא; על פי ספריכם אוכי־חכם שהוא בא כבר ועבר. הב׳ ־שאותו משיח שאמ׳ הנביאי׳־ אוכיח לכם שנולד בלא אב מנערה בתולה ואיש לא ידעה. הג׳ ־אודיעכם [102b] שאותו משיח הוא היה אלוה ולקח בשר באותה עלמה. הד׳־שאותו משיח שדברו עליו הנביאי׳ בעת שנבאו עליו אז, היה עתיד לסבול מיתה שקורין פשיאו״ן[12], להוציא עמו מגהינם. הה׳־שאותו משיח, שהיה אלוה, מאס וביטל כל תורת משה וכל המחזיק בה. ועתה חשבו על אלו ה׳ הקושיות כי על כל אחת ואחת יש לי ראיות ברורות, כי כל מצותיכם בטלות, רק כי אם מצות שכליות כגון ניאוף ורציחה גנבה וגזל וכיוצא בהן.

[1] קידושין ל,א.
[2] סנהדרין לח,ב.
[3] עפ״י יחזקאל יא,יג.
[4] עפ״י אסתר ג,יג.
[5] עפ״י איוב ג,כו; ירמיה מח,יא.
[6] בכה״י: אליכם.
[7] עפ״י בראשית ט,ה.
[8] Bougres, במשמעות: כופר. ועל כך ראה בהקדמה, עמ׳ 22, והערה 26 שם.
[9] בכה״י: ״וכל אחת מהם ואחת ,״ וסימן להעברת מקום ״מהם״.
[10] עפ״י ויקרא ח,לה.
[11] עפ״י תהלים קיט,צו.
[12] Passion. וראה על עניין זה את דבריו של הפולמוסן הנוצרי בן הזמן Raymundus Martini, Pugio fidei adversus Mauros et Judeos, éd. Leipzig, 1687, (Réed. Farnborough, 1967), III-17, (p. 873-876). (Ed. Paris, 1651, p. 680-682) "De descensu Christi ad infernum".

ויצו להם השר אשר על בית המלך לשלוח אל כל הרבנים ולבא ליום נועד להתוכח עמו מטעם המלך ושריו. הרצים יצאו דחופים בדבר המלך[13]. ויהי מקצה ימים ויבאו בפריש מקצת רבני צרפת ויערכו נגדו וישימו מערכת, איש מטיב לכת, ושמו הר׳ אברהם בן הר׳ שמואל לדבר אליו בתחלה, ולהתחיל בדיני נפשות.

ויאמר הר׳ אברהם: שמעוני עד כלתי דבר. ויאמ׳ לו: דבר. ויאמר: הנה כל רז״ל נבהלים מאד איך השיאכם לבכם לדבר על תורתינו, והלא היא קדומה יותר מי״ב מאות שנה ולא הרהר עליה אדם כלל, רק מין אחד אשר היה בימי הר׳ יחיאל כבר עבר כמו׳ כ״[14] שנה, ופטפט וקבץ כל ההגדות ותולדות ישו וכל סרחונו ובקש להשמיד כל שאריתנו. ובאחרית דבריו התבוננתם על פי דברי הרב שלא היה בדברי המין ממש והוסג אחור, ויחת ולא ענה עוד. והיה לכם לישא משל קדמוני ולחרף זה המין אשר אין תועלת בדבריו. וקטונו של המין הראשון עב׳ ממתני[15] זה ולא היה נחשב לפניו כקליפת השום[16], כי כל ימיו לא ידע דבר לאמתו. ועתה אל נא תרעו להבאיש ריחנו בעיניכם וחדלו לכם מן הרע. ויען המשנה:[103a] אל תטיפו יטיפון[17] לשעות בדברי שקר[18] אך השיבהו פה, כי רב הגלחות תמיד בפריש ופה יוציאו דבריכם לארה. גם שמענו וידענו שרב חכמי תורתכם בצרפת ובקנפיינה, והנה באו פה בצווי המלך.

ויקרא המין פול בקול רם ויאמ׳: אתם בזוי עם השיבוני אם אתם מודים שמשיח בא אם לאו. ויען המשכיל[19] ויאמר: ידענו בודאי לא בא. ויען המין ויאמר: והלא בימי האמוראים נשלמו <חשבונות שעשו, וחדלו מחשבי קיצים>, כאשר מפרש בע״ז, וגם בימי ר׳ עקיבא טעו בההוא דבן כוזבא והיה סבורין שהוא היה משיח! ואם היה רחוק לבא כל כך, איך יטעו בביאתו? והרי מן התלמוד הוכחה שבא! ועדיין אוכיחכם מן המקרא שהוא בא, שהרי כתי׳ :״גדול יהיה כבוד הבית הזה האחרון מן הראשון“[20] ובמה היה כבודו רב אם לא בביאת המשיח? והרי הייתם משועבדים תחת יונים תחת רומי רב ימי הבית. ועוד שקראו הכתו׳ ׳אחרון׳ ולא קראו ׳שני׳ להודיע כי לא יהיה לכם עוד בית י״י.

ויען המשכיל על ראשון ראשון: על שאמרת שחדלו <מחשבי> הקיצים, ודאי חדלו מהם, כי כל אחד עושה קץ לדרוש ולקבל שכר שנ׳: ״אשרי המחכה“[21] וגו׳, והמשכיל יבין. אמנם יבינו על מחשבי קצים וסומכים על מה שארז״ל ״תפח נפשם של <מ>חשבי קצים“[22], שהרי הדבר סתום וחתום וכמוס, ע״י דניאל נאמ׳: ״סתום הדבר וחתום“[23]. ואם טעו בבן כוזיבא זה היה לפי שנשלם בו חשבונם שעשו, אך ודאי לא האמינו בחשבון לומ׳ בודאי ׳זה הזמן הוא׳, כי נעלם הוא ״וכל רז <לא> אנס“[24]. ואשר הבאת מן ״גדול יהיה כבוד הבית הזה“[25], כבר פרשוהו רבותי׳[26]: חד אמר ׳בבניין׳, כדאמ׳: ״מי שלא ראה

[13] אסתר ג,טו.

[14] בכה״י נראית בבירור האות כ״ף וסימנים למחיקתה. ואולי היה כתוב בנוסח קדום ״כ״ט שנים״, תאריך אשר מתאים יותר לידוע על פעילותו של פאולוס כריסטיאני בפריס. ראה הדיון בהקדמה, סעיף ד׳.

[15] עפ״י מלכים א׳ יב,י.

[16] עפ״י בכורות נח,א.

[17] מיכה ב,ו.

[18] עפ״י שמות ה,ט.

[19] בכה״י: השכל.

[20] חגי ב,ט.

[21] דניאל יב,יב.

[22] עפ״י סנהדרין צז,א.

[23] עפ״י דניאל יב,ט.

[24] דניאל ד,ו.

[25] חגי ב,ט. בכה״י: ׳הבריות׳ במקום ׳הבית הזה׳.

[26] בבא בתרא ג,א־ב.

בניין הרודוס לא ראה בניין יפה[27] מעולם, במאי בנייה? באבני שישא ומרמרא"[28]. וכו' וחד אמ': 'בשנים', שהראשון היה כמ<נ>ין 'קי"ש', והשני [103b]כמנין 'שמע"י'. ואם נשתעבדו ישראל בה, מ"מ לא אמר הכת' כלל מן 'כבוד ישראל' רק מן 'כבוד הבית'. ועל שקראו 'אחרון', מצינו של שני או שלישי קרוי 'אחרון', דכתי': "ואמ' הדור האחרון"[29]. וכתי' ביה "בניכם אשר יקומו מאחריכם". וגם לפי טעותך[30] ודאי אחרונה (sic!) היא מלהיות בנוייה בידי אדם, כי הקב"ה יכונניה עד עולם, והיא עשוייה למעלה כנגד שלמטה.

ויפתח המין את פיו ויצו להשיב על כל דבריו ובלבד שלא ידברו כלל על חירוף האמונה. וישאל על פי' "הנה העלמה הרה"[31], ופקר בכל מקום אשר פקרו המינים. ויען המשכיל: דע כי ישעיה הנביא לא דבר כלל על שהיה עתיד להיות אחרי כן ת' שנה או יותר, שהרי לפי שלא היה אחז מאמין בו שאל אות להבין ולהאמין דבריו. ומה היה האות אם לא היה בימיו, בקרוב. וגם כתו' שם: "לכן יתן י"י לכם אות"[32], וא"כ היה להם האות לראותו, שאם היה קובע להם האות לאורך כזה הזמן שאתם אומ' על ישו, א"כ היה לו להראות המפת, כמו שנ' בנביא שבא מבית אל שנבא: "הנה בן נולד לבית דוד ושרף"[33] וגו' ונתן להם <האות ואמר:> מיד כשתראו זה המפת אז תאמינו העתיד. ואמ' להם: "הנה המזבח נקרע ונשפך הדשן אשר עליו"[34]; אף כאן, אם הוא כדבריכם, היה לו לעשות כן. ומה שכתו' 'עלמה', אנו מפרשים 'עלמה' 'בעולה' כמו "דרך גבר בעלמה"[35]. ויען החובל וישאל: והלא כתי': "והיה העלמה היוצאת לשאוב"[36], ובתולה היתה. וישב המשכיל דבריו: ודאי כתיב "בתולה ואיש לא ידעה", בא זה ולימד על זה. ויען המין: והלא איצטריך לכם 'בתולה כדרכה ואיש לא ידעה שלא כדרכה'[37]. וישב: "מאיש לא ידעה" ידעינן תרויהו, ו'בתולה' מיותרת, לגלות 'עלמה'. ועוד: "מקרא [104a] יוצא מידי פשוטו"[38] וגם: "מקרא אחד למצא[39] לכמה טעמים"[40]. ועוד יש לי[41] הרבה טעמים לגלות שלא על ישו דבר הכתוב.

ויען המין ויאמר: הנה אוכיח לכם על פי התלמוד שלא פסק מכם חזון ונביא עד שהוא יוצא <על> ישו. וא"כ מה שאמ' דניאל: "שבועים שבעים נחתך על עמך ועל עיר קדשך לכלות פשע ולחתום חטאת <ולכפר עון> להביא צדק עולמי'"[42], ־על ישו נתנבא שהיה בסוף הבית. וראה והבן; שהרי ר' עקיבא שהיה אחר החרבן, <הלך עם החכמים אצל

27 בנוסח המקובל: 'מפואר'.
28 סוכה נא,ב.
29 דברים כט,כא.
30 כנראה שנשמטו במקום זה כמה תיבות.
31 ישעיהו ז,יד.
32 עפ"י ישעיהו ז,יד.
33 עפ"י מלכים א' יג,ב.
34 מלכים א' יג,ג.
35 משלי ל,יט.
36 בראשית כד,מג.
37 בראשית כד,טז.וראה רש"י למקום זה.
38 עפ"י שבת סג,א.
39 כה"י: ליוצא.
40 סנהדרין קא,א.
41 כה"י: לו.
42 דנ' ט,כד. בנוסח המקובל קוראים 'לכלא', אבל כתב יד פריז 1־2־3 אשר לפי קטלוג צוטנברג הושלם באלול 1286, תוקן ל'לכלה'. ויתכן אם כן כי המחבר שלנו הכיר כ"י בו היה הנוסח: לכלות.

דוסא> בן הרכינס ושאל לו על ׳צרת הבת׳ אם אסורה או מותרת. ואמ׳ להם: ״מעידני עלי שמים וארץ שעל מדוכה זו ישב חגי הנביא״[43]. ויען המשכיל ויאמר: זו הוכחה אינה, שהרי ר׳ דוסא האריך ימים בשיני [sic!] כדאית׳ התם שקמו עיניו וחשכו[44], והיו בניו מגביהין לו עפעפי עיניו לראות[45]. והעיד על מה שראה בנערותו ק׳ שנה או יותר קודם לכן, או שמע מרבותיהם ורבותיהם מרבותיהם והעיד עליהם. ויקרא המין ויאמר בקול גדול[46]: עם סכל! מה לכם להיות בודים מלבכם שהאריך ימים כל כך, יכול להיות שהיה בחור וקפצה עליו זקנה וכהו עיניו. ויען המשכיל: ודאי כנים דבר<י>נו שר׳ דוסא האריך ימים הרבה; שהרי נבואה פסקה מתחלת הבית, שהרי ראה זכריה שנתנבא בתחלת הבית ונרמזה בכל מקום נבואתו, לידע זמן שנבא, ששוב לא עלתה נבואה. וראה והבן דכתי׳ : ״בשנת שתים לדריוש״[47], וכל דבריו כתובים בכמ׳ בחדש ובאיזה יום. וחגי האריך ימים בלא נבואה עד שראהו ר׳ דוסא, ור׳ דוסא ראה את ר׳ עקיבא אולי האריך <ימים.> וכן נמי אמ׳ בפירקי אבות: ״וזקנים לנביאים שהיו אחריהם, ונביאים מסרוה לאנשי כנסת [104b] הגדולה, שבימיהם פסקה נבואה. ושמעון בן שטח היה משירי כנסת הגדולה בימי ינאי המלך״[48], א״כ היה קודם ישו כמה וכמה שנים.

אז ברחמי הצור נאספו גלחים והיה כפשע בינינו ובין המות; כי לשם היו כל חכמי ישראל וכל שארית עם קדש אנשים ונשים וטף, כי כן צוה לנו המלך: ׳בכל עת אשר ירצה פל המין להתוכח עמכם, הקהלו ובאו כולכם גדולים וקטנים. אולי יש בכם שרש אשר יבין תשובותיו וראיותיו ויתן לבו לפנות אל תורת ישו, ואקח מכם אחד מעיר ושנים ממשפחה׳[49]. כי כל זה חשב המין עלינו הרעה להקהל עלינו עם דל אשר לא שמעו[50], ולחצרם, ויתגוללו עלינו על פי הסתיו ותחבולותיו, ויהרגונו. והשם שלח מלאכו לפנינו פעם בפעם והצילנו מידם. ודעו כי היינו בכל פעם ופעם בחצר המלך או בחצר החובלים יותר מאלף נפשות נסקלים באבנים. ושבח ליוצרנו לא פנה אחד ממנו אל שט וכזב ואל רהבים[51]. ויהי כי התחיל היום לערב נצטווה לנו לילך ולשוב ליום ועד ולשלח אל כל חכמי דורנו חותם המלך, ובחוזק יד לבא, כי פל היה רוצה להתוכח על פי התלמוד יותר ויותר כאלה אלף פעמי׳ ׳ועד עתה לא בא אלא לנסות אתכם׳. ויהי באסיפת החכמים כולם נאספו אומים ולב קמים עלינו, בכל זאת לא עזבנו אלהינו ושמו לא שכחנו ואמרנו: ״כי עליך הורגנו כל היום״[52] ו״אוי נא לנו כי חטאנו״[53].

ויקרא המין פל י״ש ויאמ׳: בדניאל כתיב - ״שבועים שבעים נחתך על עמך ועל עיר קדשך לכלה הפשע <ולחתם חטאת ולכפר עון ולהביא צדק עולמים> ולחתום חזון ונביא ולמשוח קדש קדשים״[54]; ועתה ספרו לכם שבועים שמגלות בבל, חרבן ראשון, ות״כ <שנים> מבית שני, ואז פסק חזון ונביא. ודעו מה שכתו׳ לשם [105a] ׳להשיב

43 ירושלמי יבמות פרק א, עמ׳ ג,א; יבמות טו,ב; טז,א.

44 בכה״י: משכו ־ ותקנתי ל׳וחשכו׳.

45 יבמות טז,א. .

46 בכה״י: ויקרא המשכיל המין, וסימן למחיקת ׳המשכיל׳.

47 חגי א,א; א,טו; ב,י; זכריה א,א; א,ז.

48 פרקי אבות א,א.

49 ירמיהו ג,יד.

50 בכה״י: ׳עם כל׳. וראה ירמיהו ה,כא ־ ׳עם סכל׳: יתכן שהסופר שכח את הסמ״ך.׳עם דל׳ ככינוי לאספסוף הפריסאי מופיע גם בהמשך, פוליו 111א.

51 עפ״י תהלים מ,ה.

52 תהלים מד,כג.

53 איכה ה,טז.

54 דניאל ט,כד.

לבנות ירושלם עד משיח נגיד שבועים שבעה'[55], אלו מ"ב שנה שבא נוצרי קודם חרבן בית שני. ושבוע אחר עוד, שכתו' בו 'והגביר ברית לרבים שבוע אחר'[56], הרי לך השבועים שבעה. וזהו שכתוב אחרי כן 'ואחרי השבועים ס"ב יכרת המשיח'[57] ואין לו פי' <אלא> דשמו של משיח יכרת, שלא יקרא עוד 'משיח' רק 'ישו'. בלירוץ[58].

ויען המשכיל ויאמר: עד מתי אתה מעות את הכתובים ומטען מה שאתה אומ' שבימי ישו נתנבא דניאל לחתום חזון ונביא? זה תהו והבל[59] , כי בימי[60] נביאים אחרונים חגי וזכריה פסקה נבואתם, והם היו בתחלת הבית, ולא האריכה נבואתם כשאר נביאים, כאשר הוכחתיך למעלה. ועוד, לדבריך, הבן דכתיב: "ותבין ותשכיל מן מוצא דבר"[61] המבין יבין <כי> מתחלה הנבואה <הוא> מונה[62] -ולדבריך הוא מונה להפך-ומונה הענין על הסדר כמו 'להשיב לבנותי ירושלם עד משיח נגיד'[63] שזהו חרבן 'השבועים שבעה', ואחר השבועים ס"ב 'תשוב ונבנתה רחוב'[64]. ואם כדבריך, היה לו לכתוב 'ואחרי השבועים ס"ב תשוב ונבנתה', שזהו הבניין, ואחר 'השבועים שבעה' שהוא ביאת הנוצרי. ואדרבה! הוא כתו' להפך, בתחלה עד 'משיח נגיד שבועים ז'', ואח"כ 'ושבועים ס"ב'. ועוד שהשבוע שאתה משלים לז' שבועים מן 'הגביר ברית לרבים'[65], שבוע זה אינו יכול להיות, שאותו שבוע היה בימי אספסינוס קיסר. וחזר למין י"ש מאד (sic!) וישאל[66]: לדבריכם, האך תמצאו "קדש קדשים"? ויען המשכיל: הוא המזבח שנקרא 'קדש קדשים', שנמשח[67] בבית שני, דכתי': "והיה המזבח קדש קדשים"[68], אי נמי הכהן הגדול שנמשח ונקרא [105b] 'קדש קדשים', דכתי': "ויבדל אהרן להקדישו קדש קדשים"[69]. אך לדבריך תאמ' היכן אתה מוצא שישו נמשח? וישאל המין י"ש: היאך תמצא 'לאחר השבועים ס"ב יכרת משיח ואין לו'[70]? ויען המשכיל: זהו כריתות הכהנים הגדולים שנכרתו בחרבן בית שני בימי טיטוס, שביטל התמיד, שנ': "ומעת הוסר התמיד לתת שקוץ משומם"[71]. והכהן נקרא משיח שנ': "והכהן המשיח"[72]. ואם כדבריך, שדבר על הקץ, איך היה הדבר שיותר מג' דפין אח"כ שאל דניאל: "עד מתי קץ הפלאות"[73]?

וישאל המין י"ש ויאמר: הודיעני אם עדיין אתה בטעותך שמשיח לא בא. ויאמר המשכיל: יעידוני מולים וערלים כי בודאי לא בא, והנבואה עתידה, והקץ עתיד להיות.

55 דניאל ט,כה.
56 עפ"י דניאל ט,כז.
57 דניאל ט,כו.
58 אינני מבין ראשי תיבות אלה: יתכן שיש סימני מחיקה מעל הבי"ת והר"ש. האות האחרונה יתכן שאינה צד"י סופית אלא צירוף של יו"ד ונו"ן סופית.
59 בכה"י: זה תהו והבל שאתה אומ', וסימן למחיקת 'שאתה אומ' '.
60 בכה"י 'שבימי', וסימן למחיקת השי"ן.
61 דניאל ט,כה. כך בכה"י, בנוסח המקובל: ותדע ותשכיל. מהמשך הטכסט מתברר כי הטעות של המתווכח עצמו, ולא של המעתיק.
62 בכה"י: ומונה.
63 דניאל ט,כה.
64 דניאל ט,כה.
65 דניאל ט,כז.
66 בכה"י: וחזר למין י"ש מאד וישראל.
67 בכה"י: שנמשח ונקרא קדש קדשים, וסימן למחיקת 'ונקרא קדש קדשים'.
68 שמות כט,לז; מ,י.
69 דה"י א' כג,יג.
70 עפ"י דניאל ט,כו.
71 עפ"י דניאל יב,יא.
72 ויקרא ו,טו.
73 דניאל יב,ו.

וזה פי׳ של כל הפרשה ״שבועים שבעה נחתך על עמך ועל עיר קדשך״[74], פי׳ מבית ומבניין. וזהו לשון ׳נחתך׳, נחתך כבר קודם, שהראהו; והגלות שהיה תחלת המעשה ׳היה להתם פשע ולכלות חטא׳ אשר עשו בבניין הבית הראשון. והנה נתכפרו מאותו חטא בגלות ע׳ של בבל, וככלות אותו ׳פשע וחטאת׳, ניבא הנביא שיביא הב״ה בניין הבית שהוא ״צדק עולמי׳״[75] פי׳ ־׳מצדקת כל העולם׳. ובהרבה מקומות מצינו שנקרא ׳עולמים׳ זמן ארוך, כמו משך ימי הבניין, כמו שנ׳ בדוד: ״וכוננתי כסא מלכותו עד עולם״[76], וזה מלכות שלמה. וגם בית ראשון נקרא ׳בית׳. ״לחתום חזון ונביא״[77]־פי׳ כי בתחלת בית שני נחתם חזון ונביא לאחר חגי זכריה ומלאכי, שפסקה נבואה. כך פי׳ ״ולמשוח קדש קדשים״[78], זהו משיחת כהני׳ גדולי׳ או המזבח. או בלא[79] משיחה יש ליישבו, שהוא לשון גדולה ושררה שהיה להם בבית שני, והוא כמו ׳למשחה בהם׳[80]. [106a] ותדע שזהו ״ותבין ותשכיל מן מוצא דבר להשיב לבנות ירושלם עד משיח נגיד שבועים שבעה״ [81], פי׳ תבין מתחלת דבר שזהו החרבן. ותמצא להשיב ׳לבנות ירושלם׳ למלכות כורש הראשון שנקרא ׳משיח ומלך׳, שנ׳: ״כה אמר יי למשיחו לכורש״[82]. וגם ׳נגיד׳[83] נקרא שנ׳: ״האומר לכורש רועי וכל חפצי ישלים״[84], וזהו ימי פקידה ראשונה שהיה לסוף ״שבועי׳ שבעה ושבועים ס״ב תשוב ונבנתה רחוב וחרוץ״[85]; זהו מתחלת הבניין בימי כורש הראשון, שמאותו היום התחילו לחזק אשיות החומה[86], אך שרי יהודה ובנימין בטלוה. ואם הוסר שבוע אחת, וזהו ״והגביר ברית לרבים שבוע א׳״[87], זה טיטוס שבא עמהם בברית להניחם שבוע א׳ והפר את בריתו בחצי השבוע, כדכתי׳ בסוף הספר בחצי ימיו ״ישבית זבח ומנחה״[88], ואמ׳ ״מרשיעי ברית יחניף בחלקלקות ועם יודעי אלהיו יחזיקו יעשו׳״[89]. זה הפי׳ דבר המשכיל החכם ר׳ אברהם בהר׳ שמואל מרדו״ם[90].

וישאל הכופר בתורה- כתי׳ בתרי עשר: ״פתאום יבא אל היכלו האדון אשר אתם מבקשים ומלאך הברית אשר אתם חפצים״[91], ופי׳ ׳פתאום׳ זה־ ׳מהרה׳. על כרחך מלאכי זה ניבא על ביאת ישו שהיה בבית שני, שאם על ביאת משיחכם ניבא מהו ׳פתאום׳? והלא האריך ועדין לא בא! ויען המשכיל את פו״ל: מה לך להטיף כזבים ודבריך לא טבים, כי דבר שתינוקות יודעים כי ׳פתאום׳ אינו כמו ׳מהרה׳, כי אם ׳בפתע וביאוש׳,

74 דניאל ט,כד.
75 דניאל ט,כד. בכה״י: שהיא.
76 עפ״י שמואל ב׳ ז,יג.
77 דניאל ט,כד.
78 דניאל ט,כד.
79 בכה״י: או במי בלא.
80 שמות כט,כט.
81 דניאל ט,כה. ובנוסח המקובל: ותדע ותשכיל.
82 ישעיהו מה,א.
83 דניאל ט,כה.
84 ישעיהו מד,כח.
85 דניאל ט,כה.
86 עפ״י ירמיהו נ,טו. ובכה״י: החכמה.
87 דניאל ט,כז.
88 דניאל ט,כז.
89 דניאל יא,לב.
90 במכה״י: ׳החכם ר׳ אברהם בהר׳ אברהם שמואל מדרום׳, וסימן למחיקת ׳אברהם׳ האחרון. תיקנתי ׳דרום׳ ל׳רדום׳. זהו שמה העברי של העיר Rouen בנורמנדיה. ראה הערה מס. 2 בעמוד 7 לעיל.
91 מלאכי ג,י.

כמו: "ויאמר י"י פתאום אל משה ואל אהרן"[92]; פי' שלא הביטו ולא שמו ללב אותו דבר עד שבא האמירה, כך כשנתייאש מן הגאולה יבא משיח. כי לפי דבריך קשה לך היאך נתנבא מלאכי על לידת ישו ועל חדוש ברית ותורה חדשה [106b] שחדש ישו, והלא בסוף דבריו אמ': "זכרו תורת משה עבדי אשר צויתי אותו בחרב"[93] וגו'. ואם היתה פוסקת, למה הזהירם כל כך בסוף כל דבריו? ועוד כתי' אח"כ: "וערבה ליי מנחת יהודה"[94], ואחר ביאת ישו לא מצינו שערבה מנחת יהודה. ויען המין ויאמר: עד מתי אתה מטעה העולם וקורא כמו שהיית יודע, ואינך יודע מה שאתה מוצא מפיך־ כי אתה עם הארץ גמור; כי המקרא 'וערבה' מיירי 'ביום הדין', שנ': "ומי יכלכל את יום באו ומי העומד בהראותו"[95].

ויען המשכיל לחרף אותו בדברים: נבל תבול! אף מן המקרא אינך יודע כלל כאשר הוכחתיך בלשון 'פתאום'. ויען המין: גם על אותו 'פתאום' יפתר 'מהרה', שהרי "והיו ישראל צועקים לשתות"[96]. ויאמר המשכיל: א"כ שהפי' מ'פתאום' הוא 'מהרה'- מהו "ויבא יהושע וכל עם על מי מרום פתאום ויפילו בהם"[97]? וכי מה לי אם מהרו אם לאו, מאחר שלא הכינו[98] אותם! אך כל 'פתאום' הוא עת יאוש שלא נשמרו מהם; וכן: "וכי ימות מת עליו בפתע פתאום"[99]. ועוד, לדבריך אתה קורא אותו לפעמי' 'ישו אדון' דכתי': "האדון אשר אתם מבקשים"[100], ולפעמים 'מלאך' שנ': "ומלאך הברית"[101], ולפעמי' 'עבדי', שנ': "הנה ישכיל עבדי"[102], ולפ' 'משיח'; ודאי אינך עומד על סוף דעתך.

אז אמ' המין: בכל יום הם עושים שתי וערב בראשם פעמים ושלש[103]. והשביעוהו שינענע ראשו־ותראוהו! ויצוהו לנענע ראשו, ויאמרו לו: מה הציון הלז? ויאמר המשכיל: דעו לכם כי אח פו"ל מצחק מכם כמו איש בער! האמנם[104] כי לא ידע כלל מן תורתינו, רק ההגדות לקח; שהרי רבו' פי' דברי בעל התלמוד[105] ואמ' שאינו צריך לנענע, אך לכוין נגד הב"ה שהוא [107a] מושל מעלה ומטה ובארבע רוחות. ואף לדבריו, יש <ארבע> זרועות בשתי וערב; כי בין <ששה> צדדים אנו מנענעים, והכופר[106] לקח רוחות כדרכו. וליחד הב"ה באחד לבדו, ולהראות שאין אלוה אחר בין רוחות הוצרכנו לנענע. ואח פל מתגלל על ישראל יען כי נגרש מאספמיה בבשת גדול, אשר נדוהו רבותינו שלשם על כי העביר דתו ושיקר נסכו[107], ומאותו יום זמם להשמיד זרע קדש

92 במדבר יב,ד. ראה פירוש הרמב"ן: "וטעם פתאום שלא היו בעת ההיא נותנים לבם".

93 מלאכי ג,כב.

94 מלאכי ג,ד.

95 מלאכי ג,ב.

96 לא מצאתי מקורו של זה, אבל ראה למשל במדבר כ, ב- ה; לג,יד., ועוד.

97 עפ"י יהושע יא,ז. בכה"י: ויבא יהושע וכל העם פתאום על מי מרום ויפילו בהם.

98 בכה"י: 'הבינו'.

99 במדבר ו,ט.

100 מלאכי ג,א.

101 מלאכי ג,א.

102 ישעיהו נב,יג.

103 על נושא זה ראה מאמרו של אריק זימר, תיקוני הגוף בשעת התפילה, סידרא ה', הוצאת אוניברסיטת בר־אילן, רמת־גן, 1989. וכן: ב. לרנר, "בשמים ובארץ ובד' רוחות העולם", ספר זכרון לבנימין דה־פריס, ירושלים, תשכ"ט.

104 בכה"י: 'האמנה'.

105 עפ"י ברכות יג,ב.

106 בכה"י: 'והספר'.

107 ירמיהו י,יד.

בדבריו. והוא לא יצלח־כי נצח ישראל לא ישקר[108] בם ישמור את בריתו את אברהם את יצחק ואת יעקב, וכל הנוגע בהם כנוגע בבבת עינו[109]. כתו׳ בתורתינו וגם נכתב באונגליו״ש[110] שלכם.

ויען המין: הנה על פניכם אוכיחכם על פי התלמוד שלכם[111] שמשיח בא כדאית׳ באיכה רבתי[112] על חד דאמר: ״שרי תורך שרי[113] קנקנך דחרב מקדשא״, בתר הכי א״ל אסור תורך אסור[114] קנקנך איתילד משיחא״. אלמ׳ לדבריכם משיח בא. ויען המשכיל: האזינו דברי הלזה שבא להוכיח שמשיח נולד ביום חרבן בית ראשון וישו משיחו נולד בסוף בית שני, וא״כ זה המשיח כבר היה זקן מישו קרוב לת״ק שנה. והמין הלז רוצה לעשות[115] הכל אחד, כי על כרחו צריך לומ׳ שמשיח נולד בחרבן בית ראשון, ואלו היה נולד בחרבן בית שני קשה לדבריו; דישו היה נולד קודם החרבן ל״ד שנה, ובכך באיקרנציאו״ן[116] שלכם, כך גם התלמוד אמ׳ לשם, א״ר יוחנן: ״מה לנו ולבהמי הלזה״. ואתה אח פ״ל, חולין הוא לך להניח התלמוד, להוכיחנו במדרשי אגדה ־ ואעפ״י שלא יועילו לך. ואמ׳ המין: ע״כ צריך אתה לומ׳ שמשיח בא בארץ כדאית׳ בהגדה: ״ר׳ יהושע בן לוי אשכחיה לאליהו: א״ל היכן משיחא? א״ל: יתיב [107b] אפתחא דרומי ביני סבלי חלאים״[117]. א״כ בא ברומי ועבר בארץ כמו שאמ׳ אליהו, ונולד; זה ישו הנוצרי שהוא מושל יראתו ברומי. ויען המשכיל: זה האח פול בא להוכיחנו מכח ההגדה שאין בה לא תורה ולא יראה ולא נעשית בהרבה מקומות אלא להמשיך לב העם לפי פשט המקראות, כמו שעשה ירייומ״ה[118] רב גלח שלכם. כי באותו (sic!) ההגדה נחלקו בו חכמי ישראל: י״א שמשיח נולד, וי״א ־לא נולד עדיין ולא בא׳. ואף לדברי האומ׳ ׳נולד׳[119], הנה הוא בגן עדן לא יצא משם, ובגן עדן <נאמרו> דברי אליהו לר׳ יהושע[120] כששאל לו על מלך המשיח, כדאשכחן בתלמוד שר׳ יהושע נכנס חי בגן עדן[121]. והא דא״ל ׳דיתיב אפתחא׳ אמרת אלמ׳ בא בארץ־לא כן הוא. אלא הכי פי׳ דיתיב בגן עדן[122] וסובל חולאים, כמו אנינות, ולבו[123] צרות על ישראל, שמשועבדים תחת רומי, להמציא להם פתח ולהוציאם מן השעבוד. ועוד, מה לך פל להתוכח לנו על פי התלמוד ולומר שמשיח הוא ישו, והלא כל סודרי[124] התלמוד שנחלקו ודברו על משיח היו לאחר ישו ולא שמעו לקולו ולא האמינו לו.

[108] שמואל א׳ טו,כט.
[109] עפ״י זכריה ב,יב.
[110] בכה״י קוראים ׳באונגליוש׳- ברור שלפנינו תעתיק של Evangeles.
[111] ירושלמי פרק ב, עמ׳ ה,ב.
[112] איכה רבתי א,נז לאיכה א,טז.
[113] בכה״י: אסור תורך אסור.
[114] בכה״י: שרי תורך שרי.
[115] יתכן שיש לקרוא: לעות.
[116] Incarnatio.
[117] סנהדרין צח,א.
[118] Jérôme.
[119] דרך ארץ זוטא פ״א.
[120] בכה״י: ר׳ יהושע לאליהו.
[121] כלבו ס,קכ. ומקורות נוספים אצל שאול ליברמן, שקיעין, ירושלים 1939, עמ׳ 34־42.
[122] כך במקור.
[123] יתכן שכאן חסרה תיבה.
[124] בכה״י: סוררי.

וישאל המין פ״ל י״ש: הנה כתוב לכם בבראשית רבה[125]: ״פלני משיח ענני שמו״ שנ׳ -׳וארו עם ענני שמיא כבר אנש אתי׳ ״[126], ומצינו כי לאחר י״ד דורות מזרובבל נולד ענני, דכתיב לשם ״ובני אליועני הודיהו״[127] עד שאמ׳ ״וענני שבעה״, ומענני ואילך אינו מתיחס כלל. א״כ משיח שהוא ענני נולד בבית שני, וזהו ישו. ויאמר המשכיל: ענני היה דור שביעי לזרובבל ואיך יתכן לומר שז׳ דורות האריכו עד סוף בית שני, עד ישו? ויקרא פו״ל י״ש החובל: יכול להיות שהאריכו ימים. ויען המשכיל: עד אן אח פול תדבר [108a] מדברים (sic!) האלה לפני עם גיות? לו היו מבינים דבריך היו סוקלים אותך באבנים; שהרי איך יוכל להיות שענני הוא ישו־והלא היה לענני אב ואם וזקן וששה אחים כדמפרש התם! אז נבהלו אלופי אדום[128] על המין. ויאמר הכופר: שמעוני כי על זה אשיב לכם. כי אותם הז׳ הנמנים עם ענני אינם אחים ממש רק דמיון ומשל להודיע למביני מדע ושכל שיהא אותו ענני משיח, עיקר דבר ונר לעולם, ושיהיו הכל כפופים לו כמו ז׳ נרות הפונות לצד מערבי שהיה אמצעי[129]. ובו ניבא ישעיה: ״על אבן אחת שבעה עינים״[130], וע״כ אינו ר״ל עינים ממש; גם תרגומו מפרשו על משיח. וכן ניבא דניאל: ״דמטורא אתגזרת אבן די לא בידיין״[131], וא״כ נתנבאו הנביאים על אותה אבן שהיה לו ז׳ עינים, לומ׳ שבעה הנרות, פי׳ שבעה נרות שבמנורה. וכן איתא בסוף הנבואה: ״ראיתי <והנה> מנורת זהב כולה״[132], וגם מפרש שם: ״ומשתי את עון הארץ ההיא ביום אחד״[133] וזהו יום לידת משיח יש״ו שהכל פנו אליו, והוא מחל עון כל ביום שהרגתם אותו. ויען החובל שלא להשיב על זה וכה אמ׳ בלשון לעז קול רם: ׳כך וכך דרש אחינו פו״ל׳, כי ירא מרעיון לב[134] דלת העם אשר שמעו הויכוח.

ויצעק המשכיל וידבר: תשובה נוצחת יש לנו על כל דברי פ״ל, אך עתה לו שמעוני[135] ־כי אותה הדרשה שניבא זכריה־אונקילו׳ תרגמה על משיח, ורבותי׳ חולקים עליו ודורשין אותו בהגדה על בניין בית שני. גם לפי פי׳ אונקילוס שפי׳ על משיח ־ אינו נזכר לשם ׳ענני׳ כלל. ואף אם יהיו כל דברי פ״ל כנים והיה כתו׳ ׳ענני׳ כי פי׳ בפירושו, מה בכך? הלא גלוי לכל מביני דעת ואף התינוקות יודעים שבדברי הימים, כשמיחס [108b] ומונה בני אליועיני, אביו של אותו ענני, ומונה שם אבותיו כמו שמונה אבות האחרי׳, ׳פל׳ הוליד את פל׳׳, ואין שם לא דמיון לא משל ולא נבואה, אך ספר יחס[136] הוא. וא״כ אם הוא משיח יש לו אב וזקן ואם וששה אחים! ועוד, דעו וראו כי אותיות המשיח לא נראו.

וישאל רב החובל הממונה על הויכוח: אמור לי האותות שעדין לא באו. ויען המשכיל: כתו׳ בישעיה: ״וגר זאב עם כבש ונמר עם גדי ירבץ״[137]. ויען רב החובל: גם אתה ידעת

[125] לא מצאתיו בבראשית רבה, מהדורת תיאודור־אלבק; קרוב לודאי שלפנינו צרוף של שני מדרשים: האחד פסיקתא רבתי סוף פ׳ לד והשני סנהדרין צח,א.

[126] דניאל ז,יג.

[127] דה״י א׳ ג,כד.

[128] שמות טו,טו.

[129] מגילה כא,ב; מנחות צח,ב ועוד.

[130] למעשה :-זכריה ג,ט. והמחבר טעה ויחס את הפסוק לישעיהו.

[131] דניאל ב,מה.

[132] זכריה ד,ב.

[133] זכריה ג,ט.

[134] עפ״י קהלת ב,כב.

[135] בראשית כג, יג.

[136] בכה״י, כנראה: ספריהם.

[137] ישעיהו יא,ו.

שאין זה אלא משל ומליצה על רב שלום שיהיה בימיו. ויען המשכיל: ראה והבן כי בימי ישו היו מלחמות גדולות ועצומות, ־ א״כ לא זהו משיח. ועוד כתו׳: "וכתתו חרבותם לאתים וחניתותיהם למזמרות ולא ישא גוי אל גוי חרב"[138], ואותו שלום היכן היה? בימי יש״ו ודאי לא נהיה, כי מיום שהיה לא נשבת מלהרוג איש את אחיו. ויען החובל אותו: שלום היה ו׳ שנה קודם לידתו, שנשלמו כל המלכים[139]. וישב המשכיל: וכי עלתה על דעתך שהנביא יאריך כל כך בנבואתו עבור שלום קצר כזה? חלילה!

וישאל החובל: למה אין לכם לשים לב איך אתם שפלים ונבזים[140] מכל עם, ומשוע־בדים בגלות כל כך. ובאי זה עון הוא אם לא בעון ישו משיח אשר דקרתם אותו, יום נפלה עטרת מלך וכהן גדול וחזון ונביא? מדוע לא תשימו לב על כל זה! <ומדוע לא תמירו תורתכם?> ויען המשכיל: חכם כמוך איך יאמר דבר זה שנתכון להמיר תורתינו עבור משך גלותינו, והלא לדבריכם כל דורות הראשונים מאדם ועד ישו לא נכנסו בגן עדן, רק הולכים נפשותם במקום חשך ואפלה עד שבא ישו והוציאם.

<חסר דף אחד לכל הפחות>

[109a] צדקנו" על שם הצדקה שיעשה. והכופר תפש לשון והיה מפטפט היאך מצינו שהב״ה נקרא בשם ׳צדיק׳ ולא בשם אחר, ויאמר: תמצאו תשובה אחרת או נצוחים אתם. ויען המשכיל: דע לך כי יש להב״ה ע׳ שמות ושם של ד׳ אותיות אחד מהם[141]. ויכול להיות שאותן ג׳ נקראים באחת משמ<ו>תיו. כי כן דרכו של הב״ה, כשנותן ממשלה וכח לאחד־קורא בשמו או כולל שמו בשמו. והנה כן מצינו שנ׳: "הנה אנכי שולח מלאכי בדרך"[142] וגו׳ "השמר מפניו אל תמר בו כי לא ישא לפשעכם כי שמי בקרבו"[143]. וכן מצינו בשלמה דכתיב: "ויקרא שמו ידידיה"[144] בשם הב״ה, ליפות כחו ולגדלו. וכן מוכיח באותה הגדה דכתי׳ "ושם העיר מיום י״י שמה"[145], אל תקרי ׳שמה׳ אלא ׳שמה׳. וכי תעלה על דעתך שהיא נקראת הב״ה? אלא נקראה בשמו ליפות כחה. וכן נמי במשיח. והנה על כרחך לא על ישו נאמר, דכתי׳ ביה: "והקמתי לדוד צמח צדיק ומלך מלך והשכיל ועשה משפט וצדקה בארץ, בימיו תושע יהודה וישראל ישכן לבטח"[146]. ואם כדבריכם־היכן מלך ישו על יהודה והיכן נושע<ו> משעבוד ושכנו לבטח בימיו? כל ימי יש״ו זה[146א] הלא משועבדים כל ישראל ושוב לא נושעו. גם בימיו לא שכנה ירושלם לבטח.

ויקרא הכופר המין ויאמר: את חטאי אני מזכיר היום[147]. כשהייתי יהודי נבהלתי ונפלאתי ביני ובין עצמי מן השלוש, ואיך יתכן שג׳ פרשונ״ש יהיו לאחדים[148]. עד אשר מקדמונים התבוננתי אשר כתבו הדבר. שנ׳: "וירא אליו י״י באלוני ממרא"[149] וגו׳, ודרש

138 ישעיהו ב,ד.

139 המקור לידיעה זו הוא ספרו של פאולוס אורוסיוס שהיה מקובל מאד וידוע במאה הי״ג. ראה הערה מס׳ 32 בהקדמה, עמ׳ 25.

140 עפ״י מלאכי ב,ט.

141 בראשית רבה פרשה יד,כד ועוד.

142 עפ״י שמות כג,כ; עפ״י מלאכי ג,א.

143 שמות כג,כא.

144 שמואל ב׳ יב,כה. ובמקור: ויקרא את שמו ידידיה.

145 יחזקאל מח,לה.

146 ירמיהו כג,ה־ו.

146א בכה״י: ״כל ימי יש״ו זה הכל הלא משועבדים״, והשמטתי: ״הכל״.

147 בראשית מא,ט.

148 כך בכה״י, וצ״ל כנראה ׳לאחד׳.

149 בראשית יח,א.

בבראשית רבה[150]:־מניין שאברהם יושב, שנ׳ ׳והוא יושב׳. ומניין שהב״ה עומד־שנ׳ ״והנה שלשה אנשים נצבים עליו״[151]. א״כ אותן ג׳ אנשים הם השם, והוא א׳ ולפעמים [109b] ג׳ פרשונ״ש[152]. ויען המשכיל: שנאתך היא גורמת לך לקלקל השורה, שאתה גונב הדרשות ודורש הכתובי׳ לפניהם ולא לאחריהם. כי חס ושלום באותן ג׳ אנשים לא היתה שכינה, אלא מלאכים ממש היו, כדפי׳ רש״י. וכן כתי׳ לאחר כך בוירא: ״ויבאו שני המלאכי׳״[153], לפי שהשלישי עשה שליחותו, חזר. ומה שמוכיח שהב״ה עומד ולא ממה שכת׳ בסוף[154] הדרשה, אך הדרשה באה מסוף הפסוק דכתיב: ״וישתחו ארצה״[155] והכי פי׳ הפרש״י: ״וירא אליו י״י״[156], פי׳ ־ הב״ה[157] נגלה אל אברהם לבקרו שהיה חולה מן המילה[158], והוא אברהם היה יושב ״וירא והנה שלשה אנשים״[159]- פי׳ ראה המלאכים עומדים מרחוק, ״וירא וירץ לקראתם״[160] להכניס האורחים, כדאמ׳: ״גדול<ה> הכנסת האורחים מהקבלת פני השכינה״[161]. וכשנזכר שהניח שכינה במקומו עומד, חוזר ״וישתחו ארצה״[162] ליטול ממנו רשות, כאדם שנוטל רשות מרבו. הרי מוכיח שהדרשה מכח המקרא היא באה. והכי פי׳ מניין שהב״ה עומד היה באותו מקום וממתין אברהם שישובו לו? שנ׳: ״והנה״ גו׳ ״וישתחו ארצה״[163]. ורישׁ הפסוק נקט, ולכך כתו׳ הדורש. שאילו כדבריך, היה לו לכתוב ׳וירא והנה שלשה אנשים׳[164] ותו לא.

ויאמר המין: כתו׳ לכם במדרש שיר השירים ״אשכל הכופר דודי לי״[165], ־ ׳אשכל׳ פי׳ שהכל שלו והכל בו, מקרא ומשנה, תלמוד, הלכות והגדות[166]. ׳דודי לי׳ זה הב״ה שנ׳: ״זה דודי זה רעי״[167]. א״כ מצינו שהשם היה איש יידע הכל בנבואת בני איש. ויאמר המשכיל: תנו לי הספר. ויקח הספר ויתבונן בו והנה הוא בסוף עמוד וכתו׳ ״אשכל הכופר איש שהכל בו מקרא ומשנה, תלמוד, הלכות והגדות. ׳הכופר׳- שכפר באומות העולם [110a] והודה בישראל״[168]. ויקרא המשכיל ויאמר: שמעו כל העם וראו כי הספר אשר לקח האח פל בא להתוכח על פיו דורש שמשיחכם ישו ידע כל ספרינו, מקרא ומשנה, תלמוד, הלכות גדולות והגדות. וכל ספר<י>נו, ועד עתה אמרתם שהם היו ספרי קוסמים, קחו לכם כפרה על זה. ועוד יותר ויותר שזה הספר מוכיח

[150] פרק מח,ז. ראה גם בבא מציעא פו,ב וביחוד מדרש שוחר טוב לתהלים יח,לו, עמ׳ כז,א במהדורת מהר״י כהן, ירושלים, תשכ״ח.

[151] בראשית יח,ב.

[152] Personnes.

[153] בראשית יט,א.

[154] בכה״י: בספר.

[155] בראשית יט,א.

[156] בראשית יח,א.

[157] בכה״י: פי׳ ־ הב״ה פי׳.

[158] ב״מ פו,ב ועוד.

[159] בראשית יח,ב.

[160] בראשית יח,ב.

[161] שבועות לה,ב.

[162] בראשית יח,ב.

[163] בראשית יח,ב.

[164] בראשית יח,ב.

[165] שה״ש א,יד.

[166] בכה״י כתוב היה בתחילה ׳הלכות גדולות׳, והסופר תיקן ׳גדולות׳ ל׳הגדות׳.

[167] שה״ש ה,טז.

[168] מדרש שה״ש פרשה א׳־ס,סא.

שכתו׳ בו: ״הכפר שכפר באומות העולם והודה בישראל״, א״כ על ישו נאמ׳ – הרי כפר בכם, שעל כרחכם צ״ל להודות[169] שאנו ישראל ולא אתם.

ויאמר המין: שמעו אלי ואוכיח לכם שכל המצות בטלות, רק מן מצות שכליות <לא> תרצ֗ח <לא> תנאף <לא> תגנוב, וכיוצא בם, ואינכם מקבלים עליהם שכר. רק התורה אשר נתחדשה אלינו בימי ישו היא המצוה והשכר לשמרה, והחקים אשר יעשה אותם האדם וחי בהם. שהרי ירמיה הנביא אמ׳ כן, שנ׳: ״וכרתי את בית ישראל ואת בית יהודה ברית חדשה לא כברית[170] אשר כרתי את אבתם ביום החזיקי בידם להוציאם מארץ מצרים״[171] וגו׳. א״כ הברית והתורה שנתן בצאתם ממצרים אין בה ממש, והברית חדשה שנתחדשה היא התורה[172], ולא מצינו חדוש ברית רק בימי יש״ו משיחנו. ויען המשכיל: לבך תשים לדעת כי בודאי פי׳ הפסוק אינך יודע, דהא כתי׳ ביה ׳ברית חדשה׳ ולא כתי׳ ׳תורה חדשה׳. ומהו הברית אשר נתחדשה, שלא תטעה כבר הוא מבאר אח״כ: ״כי זאת הברית אשר אכרת״[173] וגו׳, ״ונתתי את תורתי בקרבם ועל לבם אכתבנה״[174] וגו׳. ע״כ הפ׳: תורתי אשר כבר נתתי בלבם אחדש אותה ואכתבנה על לוח לבם לזכרון תמיד. כי לדברך שאמרת שהוא מדבר על תורת יש״ו שהיא [110b] תורה חדשה היה לו לומ׳ ׳תורתי אתן בקרבכם׳. אף הברית לא היה כי אם מחוזק היראה שנתחדשה בלבם לעתיד, כדמוכח בסמוך שנ׳: ״ולא ילמדו עוד איש את רעהו ואיש את אחיו לאמר דעו את י״י כי כלם ידעו אותי למקטנם ועד גדולם״[175]. א״כ על אמתות היראה נאמ׳, שאלו <ה>נאמר על ישו משיחכם חל, כן היתה אותה היראה[176]. והלא יש עוד הרבה ארצטטיאו״ת[177] בפריש וברומי ובכל מקום, הלומדים ליראה את השם איש את רעהו. ויען הכופר: גם עתה כולם[178] יודעים השם בלא לימוד. ויען המשכיל: אין זה ברית חדשה ואין זו נבואה עתידה, כי אף בימי הנביאים שהיו עובדים ע״ז, היו יודעין את הבורא ית׳, שנ׳ בישעיה: ״ובכל מקום מוקטר ומוגש לשמי זבח ומנחה טהורה״[179], א״כ לא על חדוש הנצרי נאמ׳. ואף לדבריכם נשתיירו הרבה מצוות בתורה שלא נתחדשו, כגון מצות שכליות, וא״כ אין זאת ברית חדשה. ועוד, כי ישו לא פסל מצות הראשונות אשר נכתבו, שאם אתם אומרים שנפסלו למה אתם <אינכם> מפרשים את מצות תורת משה למשל ולשנינה[180], <אלא מפרשים> כמו שפירשו רבותיהם של נביאים שנקראים רבינ״י דבונ״ס [או: רבונ״ס, או: דבונ״ם] איטי״ץ[181].

169 בכה״י: ולהודות.

170 בכה״י: לא כברית חדשה, וסימן למחיקת ׳חדשה׳.

171 ירמיהו לא,ל־לא. הסופר העתיק פסוקים אלה שלא כהלכה אבל תיקן עצמו. ׳וזכרתי ׳תוקן ל׳וכ־רתי׳; ׳בית׳ תוקן ל׳ברית׳ ו׳אברהם׳ תוקן ל׳אבתם׳.

172 מכאן ועד סוף הטקסט, התיבה ׳תורה׳ נמסרת בכתב חסר – ׳תרה׳, אולי כדי לציין שתורת ישו אינה תורה ממש. בכל המקומות שיניתי לכתיב מלא.

173 ירמיהו לא,לב.

174 ירמיהו לא,לב.

175 ירמיהו לא,לג.

176 התיבות ׳חל׳ ו׳כן׳ קשות לקריאה. הלמ״ד מאורכת ויתכן ואיננה אלא רי״ש.

177 כנראה צורת רבים, בתעתיק עברי של Institutio. להלן מועתקת תיבה זו בנו״ן: ׳אנצטטיאות׳.

178 בכה״י: כלום.

179 עפ״י מלאכי א,יא. והמחבר טעה ויחס את הפסוק לישעיהו.

180 דברים כח,לז.

181 אינני בטוח בהשלמות שאני מציע, אף לא בפיענוח התיבה ׳דבונס׳ או ׳רבונס׳ בסוף הקטע. נקודה מעל האות הראשנה של תיבה זו מחייבת אולי את מחיקתה, ויש לקרוא:׳רביני בונס או- בונם - איטיץ׳ (רבנים טובים היו?): בחוגי הכנסיה של המאה הי׳ג נחשבו הרבנים היהודים בני זמנם ככלהנראה כבלתי לגיטימים.

פעם אחת נאספו כל קהלות פריש בחצר אנצטטיא"ה של בית היאקופי"ן [182], והיו לשם כל ישראל אנשים ונשים וטף. וגם לשם נקבצו כל ערלי פריש וכל גלחות פריש יותר ויותר מכ' אלף איש, לאין מספר, כי המין חשב [183] 'לכלותם בפעם אחת ולגרות בהם שיני אריות', ורצה לדבר על דקירת ישו והריגתו. ויפתח המין פיו וישאל להם ויאמר[184]: שמעו עמים כולכם הבשת והחרפה אשר עשו היהודים הללו למשיחנו ישו, אשר על לא חמס [111a] בכפו דקרוהו והרגוהו ותלוהו ועשו לו יסורים קשים ומשונים אלו מאלו. ודאי כל נפלאותיו, ועדיין אינם מודים בפשעם. ראויים הם ליהרג, כאשר הרגוהו, ואוי להם לבריות הסובלות אותם. כי אפי' בתורתם כתוב שהרגו אלהיהם, שהרי כתו' במדרשים של "צור ילדך תשי ותשכח אל מחללך"[185], ודרשו במדרש "אל שנעשה חלל על ידך"[186], אלמא שחללוהו והרגוהו. ויירא מאד המשכיל לדבר על רציחת ישו, כי זה גלה בדעתו להשמיד כל היהודים כפעם בפעם. ויאמר המשכיל: אח פול, מה לך לדבר ולהזכיר הריגת ישו אשר היה מימים קדמונים, והלא ברצונו נעשה הדבר, ומחל להם[187]. ומה לך להרשיע לפני כל העמים הללו ולהפקיר אותנו. לא נירא ממך ולא ישמעו לקולך. כי המלך סובל אותנו וכל חכמי הגויים והשרים והאפפיור היודעים שכל ומדע, כפל כפלים. אך אם היינו בסתר אני ואתה וחכמי החובלים הייתי מגלה לך דעתי בראיות נכחות לפניהם, כי חס ושלום לא על יש"ו נאמ'. אך לפני כל אלו לא אדבר כל רצוני ואשמרה לפי מחסום עד יעבר הוות. אך אין זה 'חלל', לשון 'הרג', אך הוא לשון 'מחולל', כמו שנ': "את שמי אשר חללתם בגויים"[188] והרבה כמהו. ולא רצו עבדי המלך לעכבנו כי יראנו פן יקצפו עלינו עם דל, כי הנבל המין היה מסיתם יחד על דקירת ישו. ושבח לאל נפטרנו משם בשלום. ומאז לא נצטוה לנו ללכת טף ונשים, רק הרבנים והחכמים,- ט' או י'.

לרמב"ן על כל פנים נאמר בתחלת הויכוח בברצלונה כי אינו רשאי להקרא 'רבי', 'ומה שקורין אותך היום מאישטרי הוא טעות, ובשקר אתה נוהג באותו השם' (מהדורת ח.ד. שעוועל, עמ' שד'.): זאת - להבדיל מ'רבני הזמנים העתיקים' הנקראים בלטינית sapientes judeorum Antiqui. על אלה האחרונים ראה בספרו של Jeremy Cohen, The Friars and the Jews - The Evolution of Medieval Anti-Judaism, Ithaque and Londres, 1982, p.142. לכך כנראה מכוונים הדברים כאן. הטיעון כולו בקטע אחרון זה מופיע בהדגשה גדולה יותר בוויכוח רבינו יחיאל מפריס, טהארן 1873. ראה למשל עמ' יא: "אתם שקבלתם את התורה, ואלהיכם לא בא לסתור תורתנו ולהוסיף ולא גרע". וכן עמ' טו: "ואתם מודים בתורת משה שהיא טובה".

182 הכוונה לדומיניקאים שישבו ברחוב סאן ז'אק שבפריס.

183 בכה"י: חשב עלינו, וסימן למחיקת 'עלינו'.

184 בכה"י: ויאמרו.

185 דברים לב,יח.

186 לא מצאתי מקורו של זה. לעומת זאת ב־Pugio fidei, בכ"י ספרית סט. ג'נביאב בפריס, עמ' 359א, מתורגם "והוא מחולל מפשענו" et ipse vulneratus vel doloratus vel occisus propter culpas nostras. ולפני כן עמ' 273א, Moholal... vulneratus, occisus vel tormentatus propter scelerata nostra.

187 הנימוק "שברצונו נעשה הדבר ומחל להם" מופיע כבר ב"ספר הברית וויכוחי רד"ק עם הנצרות" שההדיר א.תלמג', ירושלים 1974, עמ' 63-64:"כי כאשר רצה ברצון נפשו אז קיבל הייסורין... ועל דעת זה ירד בארץ לקבל מיתה... ברצון נפשו קבל המיתה... ואם הוא כן שהתפלל לאביו בעדנו למחול לנו... הרי מחול לנו על מיתתו ועל כל הייסורין שקבל... כתוב בעוון גיליון כי כאשר היו עושים לישו ייסורין צעק ישו לאביו ואמר אבי תמחול לעם הזה כי אינם יודעים מה הם עושים... הרי מחול לנו".הנימוק הזה - "הרי מחל מיתתו לאותן שהרגוהו" - חוזר גם פעמים בכ"י ויטוריו עמנואל 53 ברומא. ראה יהודה רוזנטל, "בקורת יהודית של הברית החדשה מן המאה הי"ג"- מחקרים במדעי היהדות, ספר יובל לכבוד יצחק קיוב , ניו-יורק תשל"ב,עמ' קכג- קלה, ביחוד עמ' קלא, קלג. הדברים מיוסדים על הנאמר בלוקס כג,לד Pater, dimitte illis : non enim sciunt quid faciunt. המשפט המתחיל ב'מה לך לדבר ולהזכיר הריגת ישו' עד 'ומחל להם' נעתק פעמים בכה"י שלנו.

188 עפ"י יחזקאל לו,כב.

ויהי אח״כ ויתקבצו החכמי׳ וישאל המין: איתא בתלמוד שלכם: ”תנא דבי אליהו ששת אלפים שנה הוי [111b] עלמא- ב׳ אלפי תהו, ב׳ אלפים תורה , ב׳ אלפים ימות המשיח“[189]. פי׳־<ב׳ אלפים ראשונים תוהו בלא תורה, ב׳ אלפים שניים תורה> בלא תהו, ב׳ אלפי׳ ימות המשיח־פי׳, בלא תורה ותהו. א״כ לסוף ד׳ אלפים בא המשיח וביטל התורה, וזהו יש״ו משיחנו. כי אליהו הנביא שנה לתלמידו האמת. וירא המשכיל ויאמר: אח פל, למה תוסיף סרה לדבר דבר שידוע טעותך לכל. שהרי איך תוכל לומ׳ ׳ב׳ אלפים ראשונים תהו בלא תורה׳־והלא הצדיקים שמרו את התורה, כמו שנ׳ בנח ”מכל הבהמה הטהורה תקח לך שבעה שבעה“[190]. מנא ידע אם לא שמר את התורה? וכן באברהם־מילה. וכת׳: ”וישמר משמרתי מצותי חקותי ותורתי“[191], וכתי׳ ”למען אשר יצוה את בניו“[192] וגו׳. ”ושמרו דרך י״י“[193]. ואיך יוכל לצוות אם לא ידע? אלא הכי פי׳: ׳<ב> אלפים תהו׳,־פי׳ שלא ישמרו כל התורה כי אם ז׳ מצות. ׳ב׳ אלפים תורה׳,־שיהיו כל התורה וכל המצות גלויות לשמר. כי איך תוכל לפרש ׳בלא תהו׳, והלא באותן ב׳ אלפים רב ישראל עבדו ע״ז בימי אחאב ורב מלכי ישראל? אלא פי׳,־ רב תורה. ׳ב׳ אלפים ימות המשיח׳[194],־ עם תורה. כי תנא בא להוסיף בכל פעם. אך אותו תלמיד מחשב הקץ היה לדרוש ולקבל שכר כדאמ׳ ”אשרי המחכה“[195]; וכך חשב, ועלה בידו[196] קצו. והוא לא תלמיד אליהו הנביא היה, כי אם היה תלמידו, לא היה נמצא חולק עליו, כדאמ׳ התם דיש תנא דאמ׳ ”שבעה אלפים הוי[197] עלמא“. ועוד, לא תמצא אליהו הנביא נזכר בתלמוד כי אם כתו׳ אחריו ׳אליהו ז״ל׳, וע״כ לא נאמר על ישו, שהרי קודם ד׳ אלפים שנה, קרוב לרבי[198] בא ישו, כדמ׳ ”קע״ב לאחר חרבן נשלמו ד׳ אלפים שנה“[199]. ויען הכופר: על זה נאמ׳ ”אני י״י בעתה אחישנה“[200], ודרש בהגדה ”לא זכו ישראל“...

ANNEXE IIIa

Traduction du texte précédent.

[102a] Voici les réponses au renégat qui s'est dressé contre nous en l'an 32 du comput. Il est venu d'Espagne détruire le reste d'Israël et se nommait Paul le destructeur. «Les Sages ont été appelés des Scribes, car

[189] סנהדרין צז,א־ב; ע״ז ט,א. בכה״י שלנו הטקסט מובא בצורה קטועה ומבולבלת: ”תנא דבי אליהו ששת אלפים שנה הוי עלמא ב׳ אלפי תהו ב׳ אלפים בלא תרה ב׳ שני אלפי תרה“. ראה בהקדמה עמ׳ 10.

[190] בראשית ז,ב. בכה״י סימן כלשהו מעל ׳שבעה׳ האחרון.

[191] בראשית כו,ה.

[192] בראשית יח,יט.

[193] בראשית יח,יט.

[194] בכה״י: ב׳ אלפים עם ימות המשיח.

[195] דניאל יב,יב.

[196] בכה״י: ועלה בידו לקבל, וסימן למחיקת התיבה ׳לקבל׳.

[197] אותיות התיבה מחוקות כמעט לגמרי.

[198] הכונה לרבי יהודה הנשיא,עורך המשנה, אשר חי בסוף המאה השניה לספירה ובתחילת המאה השלישית.

[199] את הידיעה כי קע״ב שנים לאחר חורבן נשלמו ארבעת אלפים שנים לבריאה יכול היה מחברנו למצוא בפירוש רש״י לעבודה זרה ט,א־ב. חשבונו של מחברנו מיוסד על הנחתם שליהודי ימי -הביניים כי הבית השני נחרב בשנת ס״ח לספירה הכללית.

[200] ישעיהו ס,כב.

ils comptaient les lettres»[1], et à chaque endroit ils assignaient une réponse aux Epicuriens[2]. Les renégats sont appelés hérétiques, car ils réfutent ce qui est dans l'Ecriture.

Voici le début des paroles de Paul, le renégat, qui est venu d'Espagne pour anéantir les restes du peuple saint sur les terres du roi de France. Il avait décidé de détruire jusqu'aux femmes et aux enfants. Il reprenait en cela une partie des arguments du premier renégat qui était venu du temps de Yeḥiel. Il pécha et souilla, et jusqu'à sa mort il n'y eut ni répit, ni repos.

En l'an 33 du sixième millénaire vint Paul le renégat convoquer tous les rabbins. Il s'adressa ainsi à eux devant la foule parisienne [ou: l'évêque de Paris] et devant les prêtres qui étaient là-bas: Ecoutez-moi, maison de Jacob et toutes les familles d'Israël, sachez que si vous n'obéissez pas et si vous n'abandonnez pas votre alliance après avoir entendu les arguments sans réplique que je vous aurai présentés, vous ne serez pas en paix jusqu'à ce que je me venge de vous et que j'exige votre sang et vos âmes. Je veux en effet vous rétorquer que vous êtes sans foi, un peuple de *bougres* qui mérite d'être placé sur le bûcher. Je vais vous transmettre des questions, chacune d'elles peut vous faire condamner à mort. Maintenant, faites attention et envoyez-les auprès de tous vos grands sages pour me répondre sans délai, car j'ai reçu du roi l'ordre de vous amener jusqu'à la fin et l'accomplissement[3].

La première consiste dans le fait que vous dites d'après les prophètes que le Messie n'est pas venu. En suivant vos livres, je vais vous démontrer qu'il est déjà assurément venu et arrivé. La seconde réside dans le fait que ce même Messie dont parlent les prophètes est né sans père d'une jeune fille vierge, comme je vous le prouverai, et que personne n'a eu de rapports avec elle. En troisième lieu, je vous démontrerai **[102b]** que ce même Messie était divin et qu'il a pris chair dans cette même jeune fille. Quatrièmement, ce même Messie, dont parlaient les prophètes alors qu'ils prophétisaient à son sujet, était destiné à subir une mort qui s'appelle *passion* afin de tirer son peuple de l'enfer. Cinquièmement, ce même Messie, qui était divin, a dédaigné et annulé la totalité de la loi de Moïse et le rôle de ceux qui s'en réclament. Maintenant, pensez à ces cinq questions, car sur chacune d'elles j'ai des preuves claires qui montrent que tous vos commandements sont annulés, en dehors des commandements admissibles par la raison, comme les interdictions de l'adultère, du meurtre, du vol, de la rapine, etc.

L'officier, responsable de l'hôtel du roi, leur ordonna donc d'envoyer tous les rabbins au jour dit, afin de discuter avec lui, sur l'ordre du roi et de ses officiers. Les courriers partirent en hâte sur l'ordre du roi. Au bout d'un certain temps, une partie des rabbins vint à Paris. Ils se rangèrent en ordre

[1] Qiddushin 30a.
[2] Sanhedrin 38b.
[3] Jusqu'à la conversion des juifs.

de bataille et se choisirent comme champion un homme avisé du nom de Rabbi Abraham, fils de Rabbi Samuel, pour discuter en premier avec Paul du droit pénal[4].

Rabbi Abraham dit: Ecoutez-moi jusqu'à la fin. On lui répondit: Parle! Il dit: Voici que tous nos Sages sont sidérés par l'arrogance avec laquelle vous parlez ainsi de notre Loi. N'a-t-elle pas plus de douze siècles? Personne ne l'a mise en doute, si ce n'est un renégat qui vivait du temps de Rabbi Yeḥiel, il y a environ vingt ans[5], colportant des ragots, rassemblant tous les récits et les histoires sur Jésus[6] et sa puanteur, afin d'anéantir ce qui reste de nous. A la fin, vous aviez réalisé qu'il n'y avait rien de tangible dans ses dires, d'après les arguments du rabbin; il fut écarté en arrière, prit peur et ne rétorqua plus rien. Vous auriez dû suivre la leçon des Anciens et maudire ce renégat dont les paroles sont vaines. Et le petit doigt de ce premier renégat était plus gros que la taille de celui-ci. Il n'avait pas plus de valeur qu'une pelure d'oignon, car il ne sut jamais quoi que ce soit véritablement. Et maintenant ne péchez point en nous rendant infects à vos yeux, cessez de faire le mal. L'officier répondit: **[103a]** Ne prêchez pas en ayant égard à des paroles mensongères, mais répondez ici, car la majorité du clergé est toujours à Paris et c'est ici que vos paroles seront rendues publiques. Nous avons entendu et nous savons également que la majorité des maîtres de votre Loi se trouve en France et en Champagne et qu'ils sont venus ici sur ordre du roi.

Le renégat Paul s'exclama à haute voix: Vous, peuple méprisé, dites-moi si vous admettez ou non que le Messie est venu. Le savant lui répondit: Nous savons pertinemment que non. Le renégat répondit: N'est-ce pas du temps des Amoraïm que l'on a achevé <les décomptes, et les computs messianiques n'ont-ils pas cessé?> Comme il est expliqué dans le traité *Avodah Zarah*, aux temps de Rabbi Aqiba, ne se trompait-on pas sur Bar Koseba[7], quand on était convaincu qu'il était le Messie! Et si sa venue est aussi éloignée, comment s'est-on trompé sur celle de Bar Koseba? Voici donc à partir du Talmud, une preuve qu'il est déjà venu! Plus encore, je vais vous prouver sa venue à partir de la Bible, car il est écrit: «Grande sera la gloire

[4] Les juifs risquaient leur vie dans cette controverse, comme dans le droit pénal juif.

[5] Dans le manuscrit, on a la lettre *kaf* qui signifie « vingt », mais elle est surmontée d'une marque de correction, cf. l'Introduction.

[6] L'original hébreu emploie ici le terme *Toledot Yeshu*, probablement une référence à une célèbre pseudo-histoire de la vie de Jésus datant du Haut Moyen Age et même peut-être avant. Pour une traduction française, cf. Jean-Pierre Osier, *L'Evangile du ghetto ou comment les juifs se racontaient Jésus*, Paris, 1984.

[7] Raymundus Martini dans *Capistrum judeorum* de 1267 (Paris, ms. latin 3643, 34a) transcrit: *Bar-Qoseba*, tandis que dans son *Pugio fidei*, Secunda pars, cap. II (éd. Leipzig, 1687, p. 265), il explique: *Bar Cozba, id est filius mendacii sive falsitatis*. Dans le folio 82b du même ouvrage, Raymundus Martini va plus loin en disant: *Duos falsos messias unum post alium (habuerunt Judei) Ben Quozeban videlicet et Bar Quozeban*.

de ce Temple, du dernier plus que du premier.» Par quoi la gloire serait-elle accrue, sinon par la venue du Messie? Vous avez été soumis aux Grecs et à Rome la plus grande partie du temps de ce Temple. En plus, il est écrit *dernier* et non *second*, pour vous annoncer que vous n'aurez plus de maison de Dieu.

Le savant répondit point par point: Tu as dit que <ceux qui faisaient> des calculs avaient cessé, bien sûr qu'ils ont cessé, car chacun de ceux qui en faisaient, demandait et espérait une récompense, comme il est écrit: «Heureux celui qui attendra[8], et celui qui est intelligent comprendra.» Sans doute, vise-t-on les calculateurs messianiques en se fondant sur ce qu'en disent nos Sages: «L'âme des calculateurs s'enflera,» car la chose est obscure, secrète et cachée. Daniel le dit: «La parole est obscure et secrète.»[9] S'ils se sont trompés sur Ben Koseba, c'était parce que leur comput s'achevait là, mais ils ne croyaient sûrement pas de façon ferme à leur comput pour affirmer de manière absolue *voici le temps*, car celui-ci est secret, *qu'aucun mystère <n'>embarrasse*[10]. Tu as cité: «Grande sera la gloire de ce Temple,» nos maîtres l'ont déjà expliqué[11] de la façon suivante: l'un d'eux dit du Temple: «Celui qui n'a jamais vu le Temple d'Hérode, n'a jamais vu un Temple somptueux. Avec quoi est-il construit? Avec des blocs de marbre poli, etc.»[12] L'autre dit que c'est en nombre d'années qu'il était le premier au <comput> de 410 et le second **[103b]** au comput de 420. Si Israël était soumis à cette époque-là, de toute façon, le passage ne parle pas du tout de *la gloire d'Israël*, mais seulement de *la gloire du Temple*. Sur le fait qu'on l'ait appelé *le dernier*, il arrive souvent que le second ou le troisième soient nommés *le dernier*, comme il est écrit: «Et il dit: «La dernière génération.»[13] Il est écrit ensuite à ce propos: «Vos fils qui se lèveront après vous.»[14] Aussi, même en suivant ton erreur, <...> il ne s'agit que du *dernier* à être construit par l'homme, mais le Saint, béni soit-il, le reconstruira pour toujours ici-bas à l'image d'en haut.

Le renégat ouvrit la bouche pour ordonner de répondre à ses paroles, à la condition expresse de ne pas blasphémer la foi. Il questionna au sujet de «la jeune fille va être enceinte»[15], en étant irrévérencieux envers tous les passages, comme l'avaient été les autres hérétiques. Le savant répondit: Sache que le prophète Isaïe n'a pas du tout parlé d'un fait qui arriverait quatre cents ans ou plus après. Car Achaz, ne le croyant pas, exigea une preuve

[8] Daniel 12,12.
[9] D'après Daniel 12,9.
[10] Daniel 4,6.
[11] Baba Batra 3a-b.
[12] Sukkah 51b.
[13] Deutéronome 29,21.
[14] Deutéronome 29,21.
[15] Isaïe 7,14.

afin de comprendre et de croire son message. Et quelle valeur aurait eu la preuve, si elle n'avait pas eu lieu immédiatement ou dans ces jours? Dans ce verset, il est également écrit: «Aussi Dieu vous donnera-t-il lui-même un signe.»[16] Ils purent donc voir la preuve. S'il avait fixé à cette preuve un délai aussi long que celui dont vous parlez à propos de Jésus, il aurait dû montrer le miracle après, comme il est dit du prophète qui vint de Béthel prophétiser: «Voici qu'il naîtra à la maison de David un fils... et il brûlera, etc.»[17] Il leur donna <une preuve et dit>: «Lorsque vous verrez le signe, vous croirez à la prédiction.» Et il leur dit: «Voici que l'autel se fend et que la cendre qui est sur lui se répand»[18]; ici aussi, suivant vos dires, il devait agir ainsi. Et ce que l'Ecriture appelle «jeune fille», nous l'expliquons par «femme ayant consommé le mariage» comme pour «le chemin que suit l'homme dans la jeune femme»[19]. Et le destructeur rétorqua en demandant: Et n'est-il pas écrit: «la jeune fille qui sortira puiser»[20], et elle était vierge? Le savant répondit à ses paroles: Bien sûr qu'il est écrit «elle était vierge et aucun homme ne l'avait connue»[21], ceci vient expliciter cela. Et le renégat répondit: «Une vierge par nature et aucun homme ne l'a connue contre nature» ne vous est-il pas nécessaire? Il répondit: «Aucun homme ne l'a connue» nous fait connaître les deux, et «vierge» est superflu pour expliquer «jeune fille». De plus **[104a]** «Un verset ne peut pas être sorti de son sens obvie»[22] et «un verset peut avoir plusieurs sens.»[23] Et enfin, j'ai de nombreuses preuves pour établir que ce n'est pas de Jésus dont parle ce verset.

Le renégat poursuivit: Je vais vous prouver, à partir du Talmud, que les visions et les prophéties n'ont pas cessé parmi vous jusqu'à ce qu'elles se manifestent <en> Jésus. Ensuite, ce que dit Daniel: «Soixante-dix semaines sont fixées sur ton peuple et sur ta ville sainte, pour faire cesser l'iniquité, <pour sceller le péché>, pour expier l'offense, pour faire venir la justice éternelle...»[24], a donc été en fait prophétisé sur Jésus qui est contemporain des derniers temps du Temple. Regarde et comprends: Rabbi Aqiba, qui est postérieur à la destruction du Temple, <alla avec d'autres sages chez Dossa> fils d'Hyrcan pour le questionner sur la 'rivale de la fille', et savoir si elle est autorisée ou interdite. Il leur répondit: Que les cieux et la terre me soient témoins, c'est sur cela qu'a longuement réfléchi Aggée le prophète[25].

[16] D'après Isaïe 7,14.
[17] D'après I Rois 13,2.
[18] I Rois 13,3.
[19] Proverbes 30,19.
[20] Genèse 24,43.
[21] Genèse 24,16.
[22] D'après Shabbat 63a.
[23] Sanhedrin 101a.
[24] Daniel 9,24.
[25] Yebamot 15b-16a.

Et le savant répondit: Ce n'est pas une démonstration, car Rabbi Dossa, comme c'est rapporté là-bas, eut une si longue vie que ses yeux s'étaient obscurcis au point que ses fils devaient lui soulever les paupières pour qu'il puisse voir[26]. Il témoigna de ce qu'il avait vu dans sa jeunesse, cent ans ou plus auparavant, ou de ce qu'il avait entendu de ses maîtres et que ses maîtres avaient entendu des leurs. C'est d'eux qu'il témoignait. Et le renégat cria à forte voix: Quel peuple stupide, vous êtes! Pourquoi inventez-vous qu'il vécut très longtemps, il se peut qu'il ait été jeune et qu'il ait vieilli prématurément et que ses yeux se soient éteints. Le savant répondit: Il est évident que nos propos sont justes: Dossa vécut longtemps, car la prophétie avait cessé au début du Temple. Et regardez Zacharie qui prophétise au début du Temple: il est fait partout mention de sa prophétie afin d'en déterminer la date, car après lui, il n'y eut plus de prophéties. Regarde et comprends: il est écrit: «en l'an deux du roi Darius»[27], et toutes ses paroles sont datées de tel jour de tel mois. Et Aggée a vécu longtemps sans prophétiser jusqu'à ce que Dossa le vît, et Rabbi Dossa, quand il vit Rabbi Aqiba, vivait peut-être depuis très longtemps. Aussi il est dit dans les *Pirqé Avot:* «Et les Anciens aux prophètes qui vinrent après eux, et les prophètes l'ont transmise aux membres de la Grande Synagogue **[104b]**, c'est à leur époque que cessa la prophétie, et Simon ben Shetah était un des survivants de la Grande Synagogue du temps du roi Jannée»[28], s'il en est ainsi, alors il précède Jésus d'un grand nombre d'années.

La clémence divine était présente alors que les moines s'étaient réunis, et qu'un fil nous séparait de la mort. Car là-bas se trouvaient tous les sages d'Israël, avec le reste du peuple saint, hommes, femmes et enfants. Le roi nous avait en effet ordonné: Chaque fois que Paul le renégat voudra discuter avec vous, vous vous rassemblerez tous, petits et grands. Peut-être y aura-t-il parmi vous une seule fibre qui comprendra ses réponses et ses preuves, et l'un d'entre vous décidera de se tourner vers la Loi de Jésus. J'en prendrai un de chaque ville et deux par famille. Tout le mal que nous voulait ce renégat était de rassembler contre nous la populace qui n'avait pas pu écouter ce qui se disait dans la cour des moines, de l'exciter contre nous par ses provocations et ses stratagèmes afin qu'elle nous tue. Dieu, cependant, envoya son ange chaque fois pour nous délivrer de leurs mains. Sachez qu'à chaque fois nous étions plus d'un millier de personnes dans la cour du roi ou dans celle des Cordeliers à nous faire lapider. Gloire à notre Créateur, car aucun d'entre nous ne rejoignit «les sectateurs de mensonges et les arrogants». Quand la nuit venait, on nous ordonnait de partir et de

26 Yebamot 16a.
27 Aggée 1,1; 1,15; 2,10; Zacharie 1,1; 1,7.
28 Pirqé Avot 1,1.

revenir un certain jour et d'envoyer à tous les sages de notre génération l'ordonnance du roi. Nous étions contraints de venir, car Paul voulait polémiquer sur de tels sujets, selon le Talmud, sans cesse en discuter mille fois: 'Jusqu'à maintenant, il n'a fait que vous tester'. A chaque rassemblement des sages, la populace se réunissait pour nous nuire. Malgré cela, nous n'avons pas abandonné notre Dieu et nous n'avons pas oublié son Nom et nous avons clamé: «Or c'est pour toi que l'on nous tue chaque jour»[29] et «Malheur à nous, parce que nous avons péché!»[30]

Et Paul le renégat, que son nom soit effacé, s'exclama: Dans Daniel, il est écrit: «Soixante-dix semaines sont fixées sur ton peuple et sur ta ville sainte, pour faire cesser l'iniquité, <pour sceller le péché, pour expier l'offense, pour faire venir la justice éternelle>, pour sceller vision et prophète et pour oindre le Saint des Saints»[31]; et maintenant, comptez les semaines à partir de l'exil à Babylone, de la destruction du premier Temple, et les 420 <années> du second Temple, c'est alors que cessèrent vision et prophétie. Sachez ce qui est écrit là-bas **[105a]**: «la reconstruction de Jérusalem jusqu'à un prince oint: sept semaines»[32], il s'agit des quarante-deux années qui séparent la venue du Christ de la destruction du second Temple, plus une autre semaine encore, car il est écrit: «Et il rendra puissante une alliance avec beaucoup.»[33] C'est une autre semaine. Tu obtiens donc bien sept semaines. Et ce qui est écrit ensuite: «Et après les soixante-deux semaines, l'oint sera retranché»[34] n'a pas d'autre explication <que> le nom de Messie sera retranché, qu'il ne s'appelera plus 'Messie', mais on devra l'appeler 'Jésus'.»

Le savant répondit: Jusqu'à quand déformeras-tu l'Ecriture et tromperas-tu, quand tu dis que Daniel prophétisa à propos du temps de Jésus, afin de sceller vision et prophétie? Ce n'est que chaos et vanité, car c'est à l'époque même des derniers prophètes, Aggée et Zacharie, que cessa leur prophétie, et ils sont contemporains du début du Temple, et leur prophétie ne se prolongea pas comme pour les autres prophètes, comme je te l'ai démontré plus haut. De plus, il te faut comprendre le passage «Que tu saches et que tu comprennes! Depuis qu'est sortie la parole»[35] – et celui qui est instruit le comprendra – <en disant qu'il> compte depuis le début de la prophétie. D'après tes dires, en revanche, ce serait le contraire. Il compte dans l'ordre suivant: «la reconstruction de Jérusalem jusqu'à un chef oint»[36] est la destruction et correspond à 'sept semaines', ensuite on a les «soixante-deux semaines: la

[29] Psaumes 44,23.
[30] Lamentations 5,16.
[31] Daniel 9,24.
[32] Daniel 9,25.
[33] Daniel 9,27.
[34] Daniel 9,26.
[35] Daniel 9,25.
[36] Daniel 9,25.

place sera rebâtie»[37]. Si l'on suit ton discours, il devait écrire: 'après soixante-deux semaines, la reconstruction', c'est le Temple, et après, 'sept semaines' qui sont la venue du Christ. Au contraire! Il est écrit l'inverse: au début jusqu'au 'chef oint, sept semaines' et ensuite 'et soixante-deux semaines'. De plus, la semaine que tu ajoutes aux sept semaines, d'après «et il rendra puissante une alliance avec beaucoup»[38], ne peut pas exister, car cette semaine est contemporaine de l'empereur Vespasien.

Le renégat, que son nom soit complètement effacé, questionna de nouveau: D'après vous, pourquoi a-t-on 'Saint des Saints'? Le savant répondit: C'est l'autel qui est appelé 'Saint des Saints' et qui a été oint à l'époque du second Temple, comme il est écrit: «Ainsi l'autel sera Saint des Saints»[39]. De la même manière, le Grand Prêtre est oint et est appelé **[105b]** 'Saint des Saints', comme il est écrit: «Aaron fut mis à part pour être sanctifié comme Saint des Saints.»[40] Mais, selon toi, d'où tiens-tu que Jésus a été oint? Et le renégat, que son nom soit effacé, demanda: Comment trouves-tu: «Et après les soixante-deux semaines, un oint sera retranché, et il n'a pas...»[41]? Le savant répondit: C'est l'abolition de la grande prêtrise qui a eu lieu à l'époque de la destruction du second Temple, sous Titus qui a ordonné la cessation des sacrifices perpétuels, comme il est dit: «Et depuis le temps où cessera le sacrifice perpétuel et sera établie l'abomination.»[42] Et le prêtre est appelé 'oint' comme il est dit: «Et le prêtre oint.»[43] Et si, selon tes propos, il parlait de la fin, comment est-il possible que trois pages après Daniel demande: «Jusqu'à quand, la fin des choses prodigieuses?»[44]

Le renégat, que son nom soit effacé, demanda: Dis-moi si tu maintiens toujours ton erreur de dire que le Messie n'est pas venu? Le savant dit: Les circoncis et les incirconcis me sont témoins qu'il n'est certainement pas venu, que la prophétie et la fin sont à venir. C'est le sens de tout le passage «Soixante-dix semaines sont fixées sur ton peuple et sur ta ville sainte»[45], c'est-à-dire le Temple et la construction. C'est le sens de 'sont fixées', fixées précédemment, car on nous montre que le Temple et l'exil qui était au début de l'histoire sont 'pour sceller l'iniquité et faire cesser le péché' qu'ils ont commis durant l'époque du premier Temple. Et voici qu'ils sont pardonnés de ce péché par l'exil de soixante-dix ans à Babylone. Quand on fit cesser 'l'iniquité et le péché', le prophète annonça alors que le Saint, béni

[37] Daniel 9,25.
[38] Daniel 9,27.
[39] Exode 29,37; 40,10.
[40] I Chroniques 23,13.
[41] Daniel 9,26.
[42] Daniel 12,11.
[43] Lévitique 6,15.
[44] Daniel 12,6.
[45] Daniel 9,24.

soit-il, amènerait la reconstruction du Temple qui est «la justice éternelle»[46], c'est-à-dire qui répand la justice sur le monde. Dans de nombreux passages, nous avons trouvé qu'est appelé 'éternel' un long espace de temps, comme le temps que dura la reconstruction ou comme il est dit sur David: «J'affermirai le trône de sa royauté à jamais»[47], et il s'agit du règne de Salomon. Et le premier Temple est aussi appelé 'Temple'. «Afin de sceller vision et prophétie»[48] signifie qu'au début du second Temple furent scellées vision et prophétie, c'est après Aggée, Zacharie et Malachie que la prophétie cessa. De même «oindre le Saint des Saints»[49] fait allusion à l'onction des Grands Prêtres ou de l'autel, ou à défaut d'onction, on doit le comprendre comme une expression de la grandeur et du pouvoir qu'ils avaient à l'époque du second Temple. Et ceci est identique à «pour les oindre»[50]. **[106a]** Sache que «Que tu saches et que tu comprennes! Depuis qu'est sortie la parole sur la reconstruction de Jérusalem, jusqu'à un chef oint: sept semaines»[51] signifie que tu dois comprendre, que, dès le début, il s'agit de la destruction du Temple. Tu pourrais répondre que 'la reconstruction de Jérusalem' date du roi Cyrus Ier, qui fut appelé 'oint et roi', comme il est dit: «Ainsi a dit Dieu à son oint, à Cyrus»[52]. Il est aussi appelé 'Nagid'[53], comme il est dit: «Moi qui dis à Cyrus: mon berger qui fera toute ma volonté»[54], et c'est au temps du premier recensement qui eut lieu à la fin des sept semaines que l'on nous dit: «Soixante-deux semaines: place et fossé seront rebâtis»[55]; c'est au début de la reconstruction, du temps de Cyrus Ier, que l'on commença le renforcement des bases des murailles, mais les princes de Judée et de Benjamin le suspendirent. Pour la semaine qui a été retranchée, celle de «Il rendra puissante une alliance avec beaucoup pendant une semaine»[56], il s'agit de Titus qui conclut avec eux une alliance d'une semaine d'apaisement et qui brisa son pacte au milieu de la semaine, comme il est écrit à la fin du livre, à la moitié de sa vie: «Le sacrifice et l'offrande cesseront»[57], et il dit: «Ceux qui profanent l'alliance, il les fera apostasier par des intrigues, mais le peuple de ceux qui connaissent leur Dieu se fortifiera et agira.»[58] C'est l'explication qu'a donnée le savant et le sage Rabbi Abraham, fils de Rabbi Samuel de Rouen.

[46] Daniel 9,24.
[47] II Samuel 7,13.
[48] Daniel 9,24.
[49] Daniel 9,24.
[50] Exode 29,29.
[51] Daniel 9,25.
[52] Isaïe 45,1.
[53] Daniel 9,25.
[54] Isaïe 44,28.
[55] Daniel 9,25.
[56] Daniel 9,27.
[57] Daniel 9,27.
[58] Daniel 11,32.

Le renégat de la Loi demanda: On trouve écrit dans les Douze Prophètes: «et soudain (*pit'om*) arrivera dans son Temple le Seigneur que vous réclamez et l'ange de l'alliance que vous désirez»[59], et le sens de '*pit'om*' est 'vite'. Quoi que tu en dises, Malachie a annoncé la venue de Jésus à l'époque du second Temple, car s'il avait prophétisé la venue de votre Messie, que signifie '*pit'om*'? Cela ne fait-il pas longtemps et il n'est toujours pas venu? Le savant répondit à Paul: Pourquoi prêches-tu des mensonges et de mauvaises paroles, car les enfants savent déjà que '*pit'om*' ne signifie pas 'vite', mais 'par surprise et désespoir', comme dans «et *pit'om* Dieu dit à Moïse et à Aaron»[60]; cela signifie que l'on n'avait pas prêté attention à cette parole jusqu'à ce qu'elle fût prononcée, de la même manière, quand on désespérera de la rédemption, le Messie arrivera. Car en effet, d'après tes dires, la façon dont Malachie a annoncé la naissance de Jésus, le renouvellement de l'alliance et la nouvelle Loi **[106b]** promulguée par Jésus, reste une difficulté pour toi. Ne dit-il pas à la fin de ses paroles: «Souvenez-vous de la Loi de Moïse, mon serviteur, à qui j'ai prescrit, sur l'Horeb»[61], etc. Si elle devait cesser, pourquoi les prévient-il autant à la fin de ses paroles? Il est encore écrit ensuite: «Et elle plaira à Dieu l'oblation de Juda»[62], et après la venue de Jésus, on ne trouve pas que l'oblation de Juda ait plu. Le renégat répondit: Jusqu'à quand tromperas-tu le monde et liras-tu comme tu le sais, alors que tu ne sais pas ce qui sort de ta bouche, car tu es un parfait ignorant; car le mot 'plaira' indique le 'jour du jugement', comme il est dit: «et qui peut supporter le jour de son arrivée et qui peut rester debout à son apparition?»[63]

Le savant lui répondit en l'injuriant: Puisses-tu périr! Tu ne sais rien du tout, même de l'Ecriture, comme je te l'ai prouvé avec la signification de '*pit'om*'. Le renégat répondit: Ce même '*pit'om*' explique par 'vite' comme on a «et Israël criait: de l'eau, de l'eau à boire». Le savant dit: Si le sens de '*pit'om*' est 'vite', que signifie donc «Josué, et avec lui tous les gens de guerre, arriva sur eux '*pit'om*' aux eaux de Mérom et ils tombèrent sur eux»[64]? Je n'en ai rien à faire s'ils se sont pressés ou non, puisqu'ils n'étaient pas sur leurs gardes! Mais tous les '*pit'om*' désignent un moment de désespoir dont on n'a pas su se préserver, ainsi: «que si quelqu'un vient à mourir subitement près de lui»[65]. De plus, d'après tes dires, tu l'appelles parfois 'Jésus le Seigneur' comme il est écrit «le Seigneur que vous réclamez»[66],

[59] Malachie 3,1.
[60] Nombres 12,4.
[61] Malachie 3,22.
[62] Malachie 3,4.
[63] Malachie 3,2.
[64] D'après Josué 11,7.
[65] Nombres 6,9.
[66] Malachie 3,1.

et parfois 'l'ange', comme il est dit «l'ange de l'alliance»[67], d'autrefois 'mon serviteur', comme il est dit «voici que mon serviteur réussira»[68], et parfois 'Messie'; il est clair que tu n'es pas cohérent.

Alors le renégat dit: Chaque jour, ils font, deux ou trois fois, un signe en forme de croix avec leurs têtes. Adjurez-le de secouer la tête et vous le verrez! Ils lui ordonnèrent de secouer la tête, et ils lui dirent: Quel est ce signe? Le savant dit: «Sachez que frère Paul se moque de vous comme un homme inculte! En vérité, il ne connaît rien de notre Loi, il n'en a retenu que les fables; car nos maîtres ont déjà expliqué les paroles du Talmud[69] en disant qu'on ne devait pas secouer <la tête>, mais se concentrer vers le Saint, béni soit-il, **[107a]** qui est le maître d'en haut, d'en bas et des quatre directions. En suivant ses dires, la croix n'a que <quatre> bras, tandis que nous, nous nous secouons <la tête> de <six> côtés, et l'hérétique a compris les directions à sa manière. Et nous, pour l'unicité du Saint, béni soit-il, et pour montrer qu'il n'y a pas d'autre dieu dans les directions, nous devons nous secouer <la tête>. Frère Paul s'émeut d'Israël parce qu'il a été expulsé d'Espagne en grande honte. Nos maîtres de là-bas l'avaient excommunié, car il avait apostasié et rendu son vin impropre à la consommation[70], de ce jour il n'a eu de cesse d'anéantir la race sainte avec ses paroles. Et il ne réussira pas car «la Gloire d'Israël ne trompe pas»[71], elle préservera son alliance avec Abraham, Isaac et Jacob, et tout homme qui la touche est comme celui qui touche à la pupille de son œil. C'est écrit dans notre Loi, ainsi que dans votre Evangile.

Le renégat répondit: Contre votre gré, je vais vous prouver d'après votre Talmud que le Messie est venu comme on le voit dans 'Eikha Rabba'[72] sur quelqu'un qui a dit: «Détache ton bœuf, détache ta charrue, car le Temple a été détruit,» ensuite il est dit: «Attache ton bœuf, attache ta charrue, car le Messie est né,» donc, d'après vos paroles mêmes, le Messie est venu. Le savant répondit: Ecoutez donc ces paroles qui viennent prouver que le Messie est né le jour de la destruction du premier Temple, alors que Jésus, son Messie, est né à la fin du second, ainsi ce Messie était plus vieux que Jésus de près de cinq cents ans. Et ce renégat veut faire de tout cela un tout, car, contre son gré, il lui faut dire que le Messie est né à la destruction du premier Temple, car s'il était né pendant le second, cela poserait des difficultés; car Jésus est né trente-quatre ans avant la destruction, c'est ainsi dans votre Incarnation, c'est ainsi aussi dans le Talmud où Rabbi Yoḥanan

[67] Malachie 3,1.
[68] Isaïe 52,13.
[69] D'après Berakhot 13b.
[70] D'après Jérémie 10,14.
[71] I Samuel 15,29.
[72] Eikha Rabba (Lamentations Rabba), 1,57.

dit: «Qu'avons-nous de commun avec ce conducteur d'animaux?» Et toi, frère Paul, tu laisses de côté le Talmud, comme si c'était une banalité, et tu nous fais des démonstrations au moyen de paraboles. Et pourtant, cela ne t'est d'aucune utilité. Le renégat dit: C'est pour cela que tu dois dire que le Messie est venu sur terre, comme on le trouve dans la *Aggada*: «Rabbi Josué fils de Lévi rencontra Elie et lui demanda: où se tient le Messie? Il lui dit qu'il était assis **[107b]** à l'entrée de Rome parmi les malades»[73]. Il est venu donc à Rome et passa par le pays comme l'a dit Elie, et il est né; il s'agit de Jésus-Christ qui règne à Rome.» Le savant répondit: C'est frère Paul qui vient nous convaincre de l'autorité d'une légende qui ne contient ni loi, ni piété, qui n'est faite en maints passages que pour attirer l'attention du peuple d'après le sens obvie des Ecritures, comme l'a fait votre archiprêtre Jérôme. En effet, à propos de cette légende, les Sages d'Israël étaient divisés: certains disent que le Messie est né, d'autres disent qu'il n'est pas encore né, ni venu. Cependant, même d'après ceux qui disent 'il est né'[74], il se trouve au Paradis et n'en est pas sorti. C'est dans le Paradis que Rabbi Josué parla avec Elie quand il le questionna sur le roi Messie, comme on trouve dans le Talmud que Rabbi Josué est entré vivant dans le Paradis. Et à propos de 'assis à l'entrée', tu as dit qu'il était venu sur terre, or ce n'est pas ainsi. Mais l'explication de 'assis au Paradis et souffre de maladies' est identique à celle d'Israël, qui souffre d'être soumis à Rome, et cherche la possibilité de sortir de l'oppression. De plus, qu'as-tu, Paul, à polémiquer avec nous à partir du Talmud pour nous dire que le Messie, c'est Jésus, alors que tous les éditeurs du Talmud qui ont polémiqué et discuté sur le Messie furent postérieurs à Jésus, et ne l'ont ni écouté, ni n'ont cru en lui?

Le renégat Paul, que son nom soit effacé, demanda: Il est écrit dans votre 'Genèse Rabba': «Un homme qui est le Messie et qui s'appelle Anany», comme il est dit: «Et voici, avec les nuées du ciel, venait comme un fils d'homme»[75], et nous trouvons qu'après quatorze générations à partir de Zerobabel est né Anany, comme il est écrit là-bas: «et les fils d'Elyoénaï: Hodawyahou»[76] jusqu'à ce qu'il est dit «et Anany, sept», et après Anany, la généalogie s'arrête. Ainsi donc, un Messie qui s'appelle Anany est né pendant le second Temple, et c'est Jésus. Le savant dit: Anany était de la septième génération à partir de Zerobabel, et comment peut-on dire que sept générations durèrent si longtemps, jusqu'à la fin du second Temple, jusqu'à Jésus? Et Paul, que son nom soit effacé, le destructeur, dit: Il est possible qu'elles durèrent autant. Le savant répondit: Jusqu'à quand proféreras-tu, frère Paul,

[73] Sanhedrin 98a.
[74] Derekh Ereṣ Zuṭa, ch. 1.
[75] Daniel 7,13.
[76] I Chroniques 3,24.

[108a] ce genre de paroles devant les Gentils? S'ils comprenaient tes dires, ils te lapideraient, car comment est-il possible qu'Anany soit Jésus, alors qu'Anany avait un père, une mère, un ancêtre et six frères, comme il est dit expressément là-bas! Alors les princes d'Edom furent stupéfaits[77] des paroles du renégat. L'hérétique dit: Ecoutez-moi, car je vais vous répondre à ce sujet. Car les sept qui sont comptés avec Anany ne sont pas réellement ses frères, mais seulement une analogie et une parabole pour annoncer aux instruits que ce même Anany est Messie et, au fond, une lumière pour le monde, que tous lui seront soumis comme les sept bougies tournées vers celle de l'ouest qui se tenait au milieu. Sur lui, Zacharie a prophétisé: «Sur cette seule pierre, il y a sept yeux»[78], ici donc, il ne veut pas dire de vrais yeux. Le Targum, lui aussi, explique qu'il s'agit du Messie. Ainsi a prophétisé Daniel: «Une pierre s'est détachée de la montagne sans l'aide d'aucune main.»[79] Ainsi les prophètes ont prophétisé sur cette pierre qui a sept yeux, c'est-à-dire sept bougies, qui s'explique par les sept bougies du candélabre. Ainsi a-t-on aussi à la fin de la prophétie: «Je vois <qu'il y a> un candélabre tout en or»[80] et il est expliqué aussi là-bas: «Et j'écarte la faute de ce pays en un seul jour.»[81] Il s'agit du jour de la naissance du Messie Jésus vers lequel tous se sont tournés et qui racheta la faute de tous le jour où vous l'avez tué. Le Cordelier ordonna de ne pas répondre à cela et parla ainsi à voix haute en français: Ainsi et ainsi a dit notre frère Paul, car il craignait la malignité de la populace qui écoutait la controverse. Alors le savant parla en criant: Nous avons une réponse sans réplique à toutes les paroles de Paul, mais maintenant écoutez-moi s'il vous plaît, car le sermon que prophétisa Zacharie, le Targum Onqelos l'applique au Messie, et nos maîtres le réfutent et en font une parabole sur la construction du second Temple. Mais, même l'explication d'Onqelos, qui l'applique au Messie, ne fait aucune mention du nom d''Anany'. Et même si toutes les paroles de Paul étaient vraies et qu'il y eut une mention d''Anany' selon son explication, qu'est-ce que cela prouve? N'est-il pas évident aux instruits et même aux enfants que les Chroniques, **[108b]** quand elles recensent la descendance des fils d'Elyoénaï, ancêtre de ce même 'Anany', recensent ses ancêtres, comme elles recensent les ancêtres d'autres, 'un tel a engendré un tel', il n'y a ici ni analogie, ni parabole, ni prophétie, mais seulement une généalogie. Et s'il est le Messie, alors il a un père, un grand-père, une mère et six frères! De plus, sachez et constatez que les signes du Messie ne sont pas apparus.

[77] Exode 15,15.
[78] Zacharie 3,9.
[79] Daniel 2,45.
[80] Zacharie 4,2.
[81] Zacharie 3,9.

Alors le maître des Cordeliers, responsable de la controverse, demanda: Parle-moi de ces signes qui ne sont pas encore venus. Le savant répondit: Il est écrit dans Isaïe: «Le loup séjournera avec l'agneau et la panthère s'accroupira avec le chevreau.»[82] Le maître des Cordeliers répondit: Toi même, tu sais qu'il ne s'agit que d'une parabole et d'un proverbe sur la grande paix qui régnera de ses jours. Le savant répondit: Vois et comprends que du temps de Jésus il y eut de grandes et terribles guerres, c'est pourquoi ce n'est pas lui le Messie. Il est également écrit: «Ils martèleront leurs épées pour en tirer des hoyaux, et leurs lances pour en tirer des faucilles. Une nation ne lèvera plus l'épée contre une autre»[83], et cette paix où est-elle? Elle ne s'est certainement pas produite du temps de Jésus, car depuis qu'il est apparu, les hommes n'ont cessé de se tuer l'un l'autre. Le Cordelier lui répondit: Il y eut la paix pendant les dix années qui précédèrent sa naissance car tous les rois étaient en paix[84]. Le savant rétorqua: Tu penses sérieusement que le prophète fit une si longue prédiction pour une paix si brève? Sûrement pas!

Le Cordelier demanda: Pourquoi ne prêtez-vous pas attention au fait que vous êtes plus méprisés et maudits que tout autre peuple et que vous êtes soumis à un exil aussi long? Et pour quelle faute l'êtes-vous, sinon pour le péché commis contre Jésus que vous avez transpercé, le jour de la chute de la couronne du roi, du grand prêtre et de la vision du prophète. Pourquoi ne vous rendez-vous pas compte de cela <et pourquoi n'abandonnez-vous pas votre Loi>? Le savant répondit: Comment un sage comme vous peut-il nous proposer d'échanger notre Loi contre la durée de l'exil? D'après vos propos, les premières générations d'Adam à Jésus n'ont pas eu accès au Paradis, mais leurs âmes marchaient dans l'obscurité et les ténèbres jusqu'à ce que Jésus les en fassent sortir.

[Il manque au moins un folio]

[109a] ... en raison de la justice qu'il va faire. Alors l'hérétique devint bavard et demanda, futilement: Comment se fait-il que le Saint, béni soit-il, soit appelé 'Juste' et non d'un autre nom? et il dit: Trouvez une autre réponse ou vous êtes vaincus. Le savant répondit: Sache que le Saint, béni soit-il, possède soixante-dix noms, et celui de quatre lettres n'est que l'un d'eux. Il est possible que ces trois là soient appelés par l'un de ses noms. Car c'est l'habitude du Saint, béni soit-il, quand il donne gouvernement et pouvoir à quelqu'un, de l'appeler par son nom ou d'inclure son nom dans son nom.

[82] Isaïe 11,6.

[83] Isaïe 2,4.

[84] Ces propos sont repris du livre de Paul Orose, qui était très connu au XIIIe siècle ; cf. la note 32 de l'Introduction.

Ainsi, on trouve qu'il est écrit: «Voici que j'envoie un ange! sur le chemin, etc.»[85] «Sois sur tes gardes devant lui, ne te révolte pas contre lui, car il ne pardonnera pas votre forfait, puisque mon nom est en lui.»[86] De même, nous avons trouvé à propos de Salomon: «Il l'appela du nom de Yedidyah»[87] construit sur le nom du Saint, béni soit-il, afin de lui confier sa force et l'augmenter. Ainsi le prouve aussi la parabole: «Et le nom de la ville à partir de ce jour sera Dieu-là-bas,»[88] ne lis pas 'là-bas' mais 'son nom'. Peux-tu croire qu'elle s'appelle 'Saint, béni soit-il'? Non, mais elle a pris son nom pour lui confier sa force. Ainsi en est-il du Messie. Malgré toi, ce n'est pas de Jésus dont on parle, car il est écrit: «je susciterai de David un germe juste: un roi régnera et agira avec prudence, il pratiquera jugement et justice dans le pays. En ses jours sera sauvé Juda, et Israël demeurera en sécurité.»[89] Si l'on suit votre opinion, quand Jésus a-t-il régné sur Juda, quand l'a-t-il sauvé de l'esclavage et est-il demeuré en sécurité? Tout le temps de Jésus, tout Israël a été soumis et n'a jamais été sauvé. De son temps, Jérusalem ne demeura pas en sécurité.

Et l'hérétique renégat dit: Aujourd'hui je rappelle mes fautes[90]. Quand j'étais juif, j'étais intérieurement consterné et stupéfait par la Trinité. Comment se pouvait-il que trois personnes n'en soient qu'une? Ceci jusqu'à ce que j'observe ce qu'avaient écrit les Anciens, comme il est dit: «Dieu lui apparut aux chênes de Mamré, etc.»[91] et 'Genèse Rabba' enseigne: «D'où savons-nous qu'Abraham était assis: parce qu'il est dit «et il est assis». D'où tire-t-on que le Saint, béni soit-il, était debout sinon qu'il est écrit «et voici qu'il y avait trois hommes debout près de lui»[92]. Ainsi donc, ces trois hommes sont Dieu qui est un et parfois **[109b]** trois personnes. Le savant répondit: C'est ta haine qui fait que tu déformes le texte, que tu détournes les enseignements et que tu n'expliques pas les versets dans l'ordre. Dieu nous préserve, ces trois hommes n'étaient pas la Présence de Dieu, mais de vrais anges comme l'explique Rashi. Ainsi est-il écrit après dans la péricope '*Wa-yera*'[93]: «Les deux anges arrivèrent,»[94] car le troisième, ayant accompli sa mission, s'en était retourné. Ce qui prouve que le Saint, béni soit-il, se tient debout, est prouvé non pas à la fin de l'enseignement, mais cet enseignement vient de la fin du verset, car il est écrit «il se prosterna jusqu'à terre»[95],

85 Exode 23,20 ou Malachie 3,1.
86 Exode 23,21.
87 II Samuel 12,25.
88 Ezéchiel 48,35.
89 Jérémie 23, 5-6.
90 Genèse 41,9.
91 Genèse 18,1.
92 Genèse 18,2.
93 Genèse 18,1 à 22,24.
94 Genèse 19,1.
95 Genèse 18,2.

c'est l'explication que donne Rashi sur «et Dieu lui apparut»[96]. L'explication qu'il donne est que le Saint, béni soit-il, est apparu à Abraham pour lui rendre visite, car il était malade à cause de sa circoncision[97]. Tandis que lui, Abraham, était assis, «il leva les yeux et voici qu'il y avait trois hommes»[98] signifie qu'il vit les anges debout de loin, «il vit et accourut vers eux»[99], c'est l'accueil des visiteurs, comme il est dit: «L'accueil des visiteurs est plus important que l'accueil de Dieu.»[100] Quand il se rappela qu'il avait laissé Dieu debout, il se reprit et «il se prosterna jusqu'à terre»[101] pour lui demander la permission, comme un homme la demande à son maître. Ainsi est-il prouvé que l'enseignement est tiré de l'Ecriture. D'où tient-on donc la leçon que le Saint, béni soit-il, se tint debout à cet endroit en attendant qu'Abraham s'en retourne vers lui? Du fait qu'il est dit «et voici, etc.» «il se prosterna à terre»[102]. Le début du verset est dédaigné, ce qui explique la motivation du commentateur. Car si c'était comme tu dis, il lui aurait fallu écrire «et il vit que voici qu'il y avait trois hommes»[103], et pas plus.

Le renégat dit: Il est écrit dans votre midrash du Cantique des Cantiques sur «C'est une grappe de cyprès, mon bien-aimé»[104], que 'grappe' signifie que tout lui appartient et qu'il contient tout, la Bible, la Mishna, le Talmud, les *Halakhot* et les *Aggadot*. 'Mon bien-aimé' c'est le Saint, béni soit-il, comme il est dit: «Tel est mon bien-aimé, tel est mon compagnon.»[105] Ainsi, nous trouvons que Dieu était un homme omniscient de la prophétie des humains. Le savant dit: Donnez-moi ce livre. Il prit le livre et l'observa, voici qu'à la fin de la page, il était écrit: «La grappe de cyprès, c'est un homme qui contient tout, la Bible, la Mishna, le Talmud, les *Halakhot* et les *Aggadot*, celui qui renie les nations du monde **[110a]** et reconnaît Israël.»[106] Le savant déclara: Ecoutez-moi, tout le monde, et voyez que le livre qu'a pris le frère Paul pour polémiquer prétendrait que votre Messie Jésus connaissait tous nos livres, la Bible, la Mishna, le Talmud, les «grandes» *Halakhot*[107] et les *Aggadot*. Or jusqu'à présent, vous avez dit que tous nos livres étaient des livres de magiciens, repentez-vous en! Bien plus, si ce livre, où il est écrit:

96 Genèse 18,1.
97 Bereshit Rabba 86,2.
98 Genèse 18,2.
99 Genèse 18,2.
100 Shevu'ot 35b.
101 Genèse 18,2.
102 Genèse 18,2.
103 Genèse 18,2.
104 Cantique 1,14.
105 Cantique 5,16.
106 Midrash Shir ha-Shirim 1,60-61.
107 L'original a ici *Halakhot gedolot*; pourtant je crois que *gedolot* (« grandes ») s'est glissé par erreur, car *Halakhot gedolot* est le titre d'un traité juridique de l'époque des Gaonim, cf. *Encyclopaedia judaica*, VII, Jérusalem, 1972, col. 1167-1170.

«celui qui renie les nations du monde et reconnaît Israël», démontrait que c'est sur Jésus que ceci est dit, alors c'est vous qu'il aurait renié! Car, contre votre gré, vous devez reconnaître que nous sommes le vrai Israël et non pas vous.

Le renégat dit: Ecoutez-moi, je vais vous prouver que tous les commandements sont annulés, hormis les commandements logiques, ne pas tuer, ne pas blasphémer, ne pas voler, et ceux du même ordre, et que vous ne serez pas récompensés pour leur accomplissement. Seule la Loi, qui nous a été renouvelée à l'époque de Jésus, est un commandement, et la respecter amène la récompense, elle donne les préceptes selon lesquels l'homme doit vivre. Car ainsi l'a dit Jérémie le prophète, comme il est dit: «Je conclurai avec la maison d'Israël et avec la maison de Juda une alliance nouvelle, non pas comme l'alliance que j'ai conclue avec leurs pères, au jour où je les ai pris par la main pour les faire sortir du pays d'Egypte, etc.»[108] En conclusion, il n'y a rien de valable dans l'Alliance et dans la Loi qui leur ont été données lors de leur sortie d'Egypte, et la nouvelle alliance qui a été instaurée est la Loi, et nous n'avons trouvé de renouvellement de l'alliance qu'à l'époque de Jésus, notre Messie. Le savant répondit: Prête ton attention au fait que tu ne connais sûrement pas l'explication de ce passage, car il y est écrit 'nouvelle alliance' et non pas 'nouvelle loi'. Pour qu'on ne puisse pas se tromper, il explique ensuite en quoi consiste cette alliance renouvelée: «car voici l'alliance que je conclurai, etc.»[109] «j'ai mis ma Loi dans leur sein et je l'écrirai dans leur cœur, etc.»[110] L'explication est donc la suivante: Ma Loi que j'ai déjà placée dans leur cœur, je la renouvellerai et l'inscrirai sur la tablette de leur cœur en souvenir permanent. Car, si l'on suit tes dires suivant lesquels il nous parle de la Loi de Jésus, **[110b]** Loi qui est nouvelle, il aurait dû dire 'je mettrai ma Loi dans votre sein'. Cette alliance même ne viendrait qu'en raison d'un renforcement de la crainte de Dieu qui serait renouvelée dans leur cœur dans l'avenir, comme c'est prouvé un peu plus loin où il est dit: «Et ils n'auront plus à instruire chacun son prochain, ni chacun son frère, en disant: Connaissez Dieu! car eux tous me connaîtront, du plus petit jusqu'au plus grand!»[111] Ainsi, cela s'appliquait donc à la vérité de cette crainte, car si cela concernait Jésus, votre Messie, alors cette crainte existerait déjà. Pourtant, n'existe-t-il pas encore beaucoup d'*institutiones* à Paris, à Rome et partout ailleurs, où on apprend à son prochain la crainte de Dieu? Le renégat répondit: Même aujourd'hui, tous connaissent Dieu sans avoir étudié. Le savant répondit: Il ne s'agit pas d'une nouvelle alliance, ni d'une prophétie qui doit advenir, car à l'époque des prophètes, alors qu'on pratiquait

[108] Jérémie 31,30-31.
[109] Jérémie 31,32.
[110] Jérémie 31,32.
[111] Jérémie 31,33.

l'idolâtrie, on connaissait le Créateur, béni soit-il, comme il est dit dans Malachie: «Et en tout lieu on présente à mon nom un encens fumant et une oblation pure.»[112] Ainsi, cela n'est pas dit à propos de ce qu'a renouvelé le Christ. De plus, même d'après vos dires, de nombreux commandements de la Loi sont demeurés sans changement, comme les commandements logiques, donc il ne s'agit pas d'une nouvelle alliance. Bien plus, Jésus n'a pas annulé les commandements tels qu'ils étaient écrits originellement, car si vous l'affirmez, pourquoi n'expliquez-vous <pas> les commandements de la Loi de Moïse comme étant 'de satire et de sarcasme'[113], <mais vous les expliquez plutôt> comme l'ont fait les maîtres des prophètes qui se nomment 'rabbins du temps jadis'[114]!

Une fois, toutes les communautés de Paris se réunirent dans l'enclos de l'*institutio* de la maison des Jacobins. Tout Israël se trouvait là, hommes, femmes et enfants. Là-bas s'étaient également réunis tous les incirconcis et tout le clergé de Paris, innombrables, certainement plus de vingt mille hommes. Car le renégat avait ourdi de 'tous les anéantir en une seule fois et d'exciter contre eux les dents des lions', il voulait parler des coups portés à Jésus et de son exécution[115]. Le renégat ouvrit sa bouche et leur demanda: Ecoutez, vous tous, l'infamie et la honte qu'ont infligées ces juifs à notre Messie Jésus, lui qui était complètement innocent, **[111a]** ils l'ont transpercé, tué et pendu, ils lui ont fait subir tous ces terribles tourments et tortures. Ses miracles sont évidents, et pourtant ils ne reconnaissent pas encore leur péché. Ils méritent d'être tués comme ils l'ont tué, et malheur aux personnes qui les tolèrent! Car même dans leur Loi il est dit qu'ils ont tué leur Dieu, le Midrash, sur «Tu dédaignes le Rocher qui t'a engendré et tu oublies le Dieu que tu as tué»[116], n'explique-t-il pas: «le dieu que tu as tué», c'est-à-dire qu'ils l'ont transpercé et l'ont tué? Le savant craignait beaucoup de parler

[112] D'après Malachie 1,11.

[113] Deutéronome 28,37.

[114] Je ne suis pas du tout sûr de la reconstitution de ce dernier paragraphe et de son sens. En ce qui concerne l'expression « rabbins du temps passé », elle apparaît dans notre texte en langue romane, mais en transcription hébraïque. Comme je l'ai expliqué à la note 181 de l'annexe III, des difficultés d'ordre paléographique et linguistique empêchent de la comprendre de manière sûre. Il se peut que le protagoniste juif ait voulu dire plutôt: « rabbins bons étaient », pour les distinguer des rabbins de son temps. On note qu'à Barcelone en 1263 on a reproché à Naḥmanide de porter le titre de rabbin de manière frauduleuse: « aujourd'hui, vous ne disposez plus de l'ordination *(semikha)* connue par le Talmud,... Si bien qu'à présent aucun parmi vous n'a plus le droit d'être appelé *rabbi*... Qu'ils t'appellent *maestro* est une erreur! Et le titre que tu portes est usurpé! » cf. E. Smilévitch et L. Ferrier, trad., *Naḥmanide, La dispute de Barcelone, suivi du commentaire sur Esaïe 52-53*, (Verdier), Lagrasse, 1984, p. 30. Dernièrement, sur les *Antiqui sapientes judeorum* conçus comme légitimes au XIIIe siècle, cf. Jeremy Cohen, *The Friars and the Jews: The Evolution of Medieval Anti-Judaism*, Ithaca et Londres, 1982.

[115] L'original lit *deqirat Yeshu wa-harigato*, dont la traduction littérale serait *la percée de Jésus et sa mise à mort*.

[116] Deutéronome 32,18.

de l'exécution de Jésus, car le renégat avait dévoilé que ce qu'il avait à l'esprit, c'était l'anéantissement de tous les juifs, comme il le voulait souvent. Le savant dit: Frère Paul, pourquoi évoques-tu la mort de Jésus qui a eu lieu aux temps anciens, car n'était-ce pas l'accomplissement de sa volonté et ne leur a-t-il pas pardonné? Pourquoi nous accuser et nous livrer à cette populace? Nous ne te craindrons pas et ils ne t'obéiront pas. Car le roi nous tolère, *a fortiori* les sages des nations, les princes et le pape qui sont instruits et intelligents. Si nous étions cependant à huis clos, toi, moi et les savants des Cordeliers, devant eux, je te révélerais ma pensée au moyen de faits indéniables. Car ce n'est pas sur Jésus, Dieu m'en préserve, que cela est dit. Mais devant ceux-ci, je ne peux m'exprimer librement et je fermerai la bouche jusqu'à ce que cette calamité soit passée. Car ce 'tué' ne signifie pas 'meurtre', mais signifie 'profanation' comme il est dit: «mon nom que vous avez profané parmi les nations»[117], et dans de nombreux autres passages. Les serviteurs du roi ne voulurent pas nous retenir, car on craignait que la populace ne s'enflamme contre nous du fait que ce scélérat de renégat l'avait excitée avec l'histoire des coups portés à Jésus. Grâces soient rendues à Dieu, car nous nous en sortîmes sans dommages. Dès lors, nous n'avions plus l'ordre de venir avec femmes et enfants, mais seulement les rabbins et les sages, neuf ou dix en tout.

Par la suite, les sages étant réunis, le renégat leur demanda: Il y a dans votre Talmud[118] un enseignement au nom d'Elie, «le monde durera six mille ans, **[111b]** deux mille ans de désordre, deux mille ans avec la Loi et deux mille ans de temps messianiques». En voici l'explication: <les premiers deux mille ans seront faits de désordre sans la Loi, les seconds de Loi> sans désordre et enfin deux mille ans de temps messianiques, donc sans Loi, ni désordre. Ainsi, à la fin de quatre mille ans, le Messie est venu et a annulé la Loi, il s'agit donc bien de Jésus, notre Messie. Car le prophète Elie a enseigné la vérité à son élève. Le savant s'assombrit et dit: Frère Paul, pourquoi ajoutes-tu une aberration à tes paroles, alors que ton erreur est connue de tous? Car comment peux-tu dire 'les premiers deux mille ans seront faits de désordre sans la Loi', alors que les Justes ont préservé la Loi, comme il est dit de Noé: «De toutes les bêtes pures, tu en prendras pour toi sept et sept.»[119] D'où le tenait-il s'il n'avait pas respecté la Loi? Abraham aussi a observé la circoncision. Il est écrit: «Il a observé mon observance, mes ordres, mes préceptes et mes lois,»[120] ainsi que: «pour qu'il ordonne à ses fils, etc., de garder la voie de Dieu»[121]. Comment aurait-il ordonné s'il

[117] D'après Ezéchiel 36,22.
[118] Sanhedrin 97a-b; Avodah Zarah 9a.
[119] Genèse 7,2.
[120] Genèse 26,5.
[121] Genèse 18,19.

ne l'avait pas connue? Il faut plutôt comprendre ainsi: '<deux> mille ans de désordre' signifie que l'on n'obéira pas à toute la Loi, mais seulement aux Sept Préceptes. 'Deux mille ans avec la Loi' indique que toute la Loi et tous les commandements seront révélés pour être respectés. Autrement comment expliques-tu que pendant ces deux mille ans sans désordre, la majorité d'Israël a pratiqué l'idolâtrie, du temps d'Achab et de la plupart des rois d'Israël? Mais le sens est la diffusion de la Loi. Les deux mille ans des temps messianiques sont avec la Loi. Car l'enseignement cherche à ajouter à chaque fois. Ce même disciple, qui calculait la date, exigeait de recevoir une récompense substantielle, comme il est dit: «Heureux celui qui attend,»[122] ainsi comptait-il, et réussit-il à <obtenir> sa date. De plus, il n'était pas disciple du prophète Elie, car s'il l'avait été, nul ne l'aurait contredit, alors qu'on trouve un enseignement qui dit: «les sept mille ans du monde». De plus, Elie n'est jamais cité dans le Talmud, sans que son nom soit suivi de 'dont on se souvient pour le bien'. Il n'est donc pas question de Jésus, car sa venue précède l'achèvement des quatre mille ans vers l'époque de Rabbi[123]: «Cent soixante-douze[124] ans après la destruction du Temple s'achèvent les quatre mille ans.» Et le renégat répondit: C'est à ce sujet qu'il est dit: «Moi, Dieu, je hâterai la chose en son temps,»[125] et la *Aggada* explique: «Israël n'a pas été rétribué»...

ANNEXE IV

«**Sentence rendue par l'illustre roi de France à l'encontre des juifs habitant sous sa domination**», copie, sûrement pas l'original, qui se trouve à la bibliothèque de l'Escurial (L-II-12, fol. 104a-108b). Il est évident que ce texte faisait partie d'un codex plus important, mais G. Antolín, dans son *Catálogo de los códices latinos de la Real Biblioteca del Escorial*, III, Madrid, 1913, p. 18, le présente comme un codex indépendant. Ce texte a été publié par Ch. Merchavia, «Un documento desconocido sobre la historia de los judíos en la Francia medieval,» *Sefarad*, XXVI, 1966, p. 53-78. Dans son catalogue, G. Antolín suggère qu'il s'agisse d'une copie du XVe siècle; mais il se peut que le manuscrit soit plus ancien, et même de la première moitié du XIVe siècle.

122 Daniel 12,12.

123 Il s'agit d'une référence à Juda ha-Nasi, rédacteur de la Mishna, qui vivait dans la seconde moitié du IIe siècle et au commencement du IIIe siècle.

124 Cf. le commentaire de Rashi sur Avodah Zarah 9a-b.

125 Isaïe 60,22.

Le texte est publié ici à nouveau – avec le généreux consentement de M. Merchavia – en comparant l'édition avec une photocopie du manuscrit de l'Escurial et en proposant parfois des leçons différentes. D'autre part, nous avons respecté les leçons du texte, même s'il était divergent et erroné, pour autant que ceci n'empêchait pas la compréhension du contenu. Un effort a été fait par l'auteur médiéval ou par un des copistes pour signaler dans les marges du manuscrit les sources bibliques citées dans la «sentence»: elles sont conservées dans notre publication telles quelles, même dans le cas où le système de références nous est incompréhensible. Nous renvoyons le lecteur aux notes pour les références aux bibles d'aujourd'hui.

M. Merchavia a divisé le texte en 143 paragraphes et a donné des titres aux différentes sections du texte; nous avons trouvé opportun de les garder.

[Fol. 104a] Sentencia lata per illustrem regem

Ffrancorum contra Judeos habitantes

in dominacione sua

1.

[1] In nomine eterni judicis a quo recta procedunt judicia, dominus rex Ffrancorum est certifficatus per scripturam sacram de tribus:

[*Judei abjecti*][1]

[2] Primum est, quod omnes Judei sunt abjecti et reprobati a Deo, sicut profetatum est per Osoe, qui dixit: «Abjiciet[2] eos Deus meus, quia non audierunt eum, et erunt vagi in[3] nacionibus[4].» [3] Reprobacionem istam, et eciam causam reprobacionis, expressit eis quando dixit: «Quis est iste liber repudii matris vestre, quo dimisi eam? aut quis est creditor meus, cui vendidi vos? ecce! enim iniquitatibus vestris venditi estis, et in celeribus[5] vestris dimisi matrem vestram. Quia veni et[6] non erat vir, vocavi et non erat qui audiret, vel responderet.» (Ysaye, 2° c°)[7] [4] Ecce hiis verbis testatur Deus, quod Judeos et sinegogam (sic!) matrem eorum dimisit et repudiavit, propter iniquitates et celera[8] eorum, et quare venit ad eos repudiaverunt eum.

[1] Les sous-titres sont de Ch. Merchavia.
[2] Le ms. a *abiciet*.
[3] Le ms. a *vaguii*.
[4] Osée 9,17.
[5] Lu *sceleribus*.
[6] Le ms. a *venite*.
[7] Isaïe 50,1-3.
[8] Lu *scelera*.

[*Causa: odium Messiae*]

[5] Secundum est, de quo est certifficatus dominus Rex, quod principale zelus, sive principalis causa, propter quam reprobavit eos, est odium justi fratris eorum, scilicet Messie, dicente Deo per prophetam: «Propter interffeccionem, et odium fratris tui Jacob, operiet te confusio, et peribis in eternum[9].» [6] Iterum per alium prophetam dicit: «Cognovi multitudinem zelorum vestrorum [...] hostes injusti.» (Amos, V° c°)[10] [7] Item per eundem dicit: «Hoderunt in porta corripientem, et loquentem perfecte abominati sunt[11].»

[*Dampnatio aeterna*]

[8] Tercium, de quo certificatus est dominus Rex, quod Judei propter predicta zelera non tantum sunt adeo abjecti temporaliter, sed eciam in infferno cum demonibus eternaliter dampnat eos. [9] Ita quod sicut diabolus captivatur et incarceratur in inferno ad sustinendum eternam penam, sic omnes Judei ducuntur illuc captivi ad eternam dampnacionem, dicente Deo per Ysayam: «Propterea captivus ductus est populus, quia non habuit scienciam, et nobiles ejus interierunt fame, et multitudo ejus siti exaruit. Eciam propheta dilatavit infernus se ipsum [...], et descendent fortes ejus et sublimis ejus gloriosique ejus ad eum[12].»

[*Ista captivitas gravior quam praecedentes*]

[10] Magister Samuel, nuper in presencia domini Regis confessus fuistis, quod ista captivitas est dispersio Judeorum, in qua nunch sunt et fuerunt a tempore quo Tithus et Vespesianus ejecit eos de terra sancta, multo gravior est quam aliqua earum que processerant, et eciam quam omnes ille simul, et racionem clare assignastis, vel expressistis, quam ista, que jam duravit plusquam mille annis, fuit et est omnino sine aliquibus graciis, tam terrenis quam celestibus, quos Deus in precedentibus captivitatibus aut dispercionibus faciebat eis. [11] Quia in ista captivitate neque ducatum, neque principatum, neque judicatum de suis sapientibus, neque consolatum alicubi habuerunt, sicut habebat in aliis, neque nuncium a Deo ut prophetam, vel angelum. [12] In illis autem frequenter mittebat eis Deus prophetas, et angelum, sicut Tobie, qui fuit de captivitate decem tribuum, facta per regem Asiriorum, misit Raphaelem, sed in ista nec alicui misit angelum, nec omnibus prophetam, et ideo recte confessus fuistis quod ista erat gravior precedentibus.

[9] Abdias 10.
[10] Amos 5,12.
[11] Amos 5,10.
[12] Isaïe 5,13-14.

[*Et culpa gravior*]

[13] Propter istam confessionem rectam et veram coegit vos postmodum racio ad confitandum, quod culpa, propter quam in ista captivitate Judei sunt positi, est gravior quam aliqua illarum, propter quam fuerunt antea captivati, quia cum ista pena infligatur a Deo, et ipse sit judex justus, et non puniat aliquem plusquam requirat culpa. [14] Confessus fuistis et recte, quod necessario requirebat, quod culpa Judeorum, propter quam positi sunt in ista captivitate, sit gravior, sive major, quam aliqua illarum, vel omnes simul, propter quas prius ffuerant captivati. [15] Cum autem fuissetis confessus predicta duo, quia vir racionis estis, voluistis consequenter respondere ad proposicionem domini Regis super causa istius. captivitatis. Ipse enim proposuit [fol. 104b] per me, quod idicirco Judei positi erant in ista captivitate, quia odiunt justum fratrem suum, scilicet Jhesum natzarenum et ejus apostolos.

[*Duo responsa Judaeorum*]

[16] Vos autem ad posicionem respondistis duo. [17] Primum fuit comune vobis et ceteris fratribus vestris, scilicet, quod causam tante captivitatis nullus vestrum sciebat, quia ignoratis secreta Dei. [18] Aliud, quod dixistis fuit proprium vobis, quia dixistis, quod non haberent pro malo socii vestri, quod vos legeratis evangelia et cognoscebatis, quod auctor ipsorum erat vir justus et amicus Dei, sive doctrine contente in eis, scilicet Jhesus natzarenus erat vir justus et amichus Dei, et pro hac de causa vos non habebatis ipsum hodio, quia sciebatis eum esse virum justum et virtuosum, et sic in quantum posito cause assignate super captivitate tangebat vos, negastis illam causam.

[*Propositio Regis: suscipere baptismum*]

[19] Quia vero dominus Rex per suam proposicionem invitabat vos et ortabatur, quod susciperetis babtismum secundum doctrinam evangelii, et efficeremini ejus fratres, aliter non posset vos tollerare salva justicia publica, tam civilitatis quam fidei christiane et societate christianorum. [20] Respondistis ad hoc duo, quorum unum fuit excusans vos et ffratres vestros a repudiacione babtismi, quia dixistis, quod unum solum erat illud quod retrahebat vos a suscepcione babtismi, scilicet quia non petebat[13] vobis, sive non erat clarum, quod in Jhesu natzareno erat divinitas incarnata. [21] Aliud, quod dixistis, est verbum per quod intendebatis persuadere domino Regi, quod juste poterat vos tolerare, quia non eratis ydolatra, ne malefactores, et per hoc videbamini velle probare, quod injuste ageret, si vos de regno suo expelleret, vel separaret a christianis.

[13] Le ms. a *patebat*.

2.

[*Reconsideratio Regis*]

[22] Omnia supra recitata, si recolitis, fuerunt hic per vos ad proposicionem domini Regis proposita bene et recte secundum stilum et modum humane racionis. [23] Dominus autem Rex considerans. quod ista que contra Judeos agit et agere intendit non sunt pure humana sed pocius divina. [24] Idcirco propter honorem Dei et tocius curie celestis ac salutem animarum vestrarum iterato vocavit vos ad presenciam suam, ut supleat deffectum circa proposicionem vobis nuper factam, et declarat illa dubia que vobis occurrunt circa proposita.

[*Judaei non excusati*]

[25] Et primo intendit declarare dubium, quod posuistis circa causam, vel in causa istius captivitatis. [26] Et quia dixistis, quod ea que sunt in secreto Dei nescitis, dicit dominus Rex, quod vos essetis excusati per ignoranciam, et ipse et omnes reges catolici essent excusati quantum ad hoc, si Deus non revelasset suum secretum super causam istius captivitatis, gravioris quam omnes alie. [27] Unde quia super hoc, tam christianis quam Judeis, revelavit secretum suum, non debent ipsum ignorare, ymmo diligenter considerare et attendere, quomodo et propter quis Judei hujus ultime captivitatis sunt magis culpabiles, sive magis rei, generaliter quam in aliqua precedencium captivitatum. [28] Quod declaratur per hoc, quia sunt magis impii judicio Dei, qui non potest errare, quam ydolatrare; hoc autem non debent ignorare Judei, nec christiani, quia Deus revelavit eis istud secretum, per Ezexielem. [29] Quando pronunciavit eis istam captivitatem, in quam per ultimam obcidionem Jherusalem devenerunt, dicit eis sic: «Sancta est Jherusalem, in medio gencium posui [fol. 105a] eam, et in circuitu ejus transivit. Et contempsit judicia mea, ut plus esset impia quam gentes; et precepta mea, ultra quam terre, que in circuitu ejus sunt, etc.» (Etzexiel V°.b.)[14] [30] Constat autem, quod scripta per Jherusalem et per Sion et Israel et similia nomina dant intelligere comuniter populum Judeorum, sed ibi specialiter declaratur per hoc, quod paulo post denunciat eis dispercionem in quam deducti sunt per illam impietatem, majorem quam esset impietas gentilium qui erant ydolatre cum dicit: «Ego consurgam et non parcet occulus meus, et non miserebor. Tercia pars tui peste morietur et fame consumetur in medio tui, et tercia pars tui gladio cadet in circuitu tui; terciam vero [...] in omnem ventum dispergam, et gladium evaginabo post eos[15].»

[14] Ezéchiel 5,5-6.
[15] Ezéchiel 5,11-12.

[*Judaei magis impii quam gentiles*]

[31] Ecce qualiter ad litteram pronunciavit eis illam dispercionem eorum, que facta fuit in obcidione Jherusalem, facta per Titum et Vespesianum, et quam passi sunt, ut dixerant, quia magis impii erant quam gentiles. [32] Quia vero posset aliquis mirari de hoc, quod Deus dicit, quod Judei erant magis impii, quam gentiles, qui erant ydolatre, propterea Deus declarat ibidem istud, revelando impietatem quam exercuerunt, cum dicit ante hec verba immediate[16]: «Pro eo, quod sanctum meum violastis omnibus offencionibus[17] tuis, et in omnibus abominacionibus tuis.» (Etzexiel, V° ca°)[18] [33] In istis verbis expresse testatur Deus, quod Judei, qui per illam obcidionem fuerunt vastati et dispersi, violaverunt sanctum suum offencionibus et abominacionibus, et quomodo per hoc fuerunt magis impii quam gentiles declarat in principio verborum, quando dixit, quod contempserunt precepta ejus et judicia, quia gentiles quamvis essent ydolatre, tamen verum Deum non cognoscebant, sicut Judei cognoscebant, non solum per scripturam divinam, sed verumtamen per experienciam multorum beneficiorum, que a Deo receperant. [34] Item gentiles non offendebant, neque violabant, aliquem qui servirent diis eorum. [35] Isti vero sanctum Dei veri, et qui serviebat ei, non solum offenderunt, sed occiderunt. [36] Item gentiles non contempnebant precepta suorum deorum; Judei vero in offendendo et occidendo Jhesum nazarenum contempserunt omnia precepta Dei veri; primo generalia, scilicet preceptum dileccionis Dei, quod non diligit Deum super omnia, qui nuncium Dei persequitur vel offendit. [37] Item preceptum dileccionis proximi, qui dicit falsum testimonium contra proximum suum, aut qui injuriatur ei, et maxime si occidit eum non diligit, sicut se ipsum, ut precepit Deus.

[38] Item contempserunt preceptum specialem quod dederat eis de Jhesu nazareno, quando dixit eis per Moysem: «Prophetam suscitabo eis de medio fratrum suorum similem tui, et ponam verba mea in ore ejus, et loquetur ad eos omnia, quecumque precepero ei. Qui autem verba ejus, que loquetur in nomine meo, audire noluerit[19] ego ultor existam.» (Deutero XVIII°.g.)[20]

[*Lex nova denunciatur Judaeis*]

[39] Ecce Deus expresse istis verbis mandavit Judeis, quod crederent illi prophete, qui esset similis Moysi, scilicet ex parte Dei offerret eis legem noviter, sicut Moyses, et predixit eis, quod nisi crederent puniret eos. [40] Set

16 Dans la marge en face de cette citation, on trouve les quatre mots suivants : *nova* (ou *nona*) *questione et deffinitione*, qu'il faut peut-être insérer après *immediate*.

17 Le ms. a *offecionibus*.

18 Ezéchiel 5,11.

19 Le ms. a *voluerit*.

20 Deutéronome 18,18-19.

certum est. quod circa Moysem nullus Judeus ex parte Dei attulit legem novam populo, nisi Jhesus natzarenus. [41] Nec possunt dicere, quod ignorarent Deum esse daturum aliquam legem novam, qui hoc denunciaverat eis per Jheremiam prophetam, qui dixit: «Ecce dies veniunt, dicit Dominus; et feram domui Israel et domui Juda fedus novum. Non secundum pactum, quod pepigi cum patribus vestris, in die qua apprehendi manum eorum, ut educerem eos de terra Exipti.» (Jeremias XXXI° b)[21]

[42] Ecce quibus verbis expresse denunciaverat eis, quod esset aliquando daturus eis novam legem, sive novum fedus, aut testamentum[22]. [43] Jam ergo declaratum est per verba Dei, quod Judei sunt magis impii, vel rei, quam gentiles, propter offensiones, quas fecerunt sancto suo, scilicet Jhesu natzareno, [fol. 105b] et quod propter hoc in tam gravem captivitatem deduxerit eos.

[*Secretum Christi revelatur*]

[44] Istud eciam secretum revelaverat eis longe ante per Ysayam, quando dixit: «Ad iracundiam provocaverunt, et afflixerunt spiritum sancti ejus, et conversus est eis inimicum, ac ipse debellavit eos.» (Ysayas XLIII c°)[23] [45] Qualiter eciam ad occisionem durarent eum plene descripsit Deus per Ysayam, sicut ad litteram Judei consumaverunt. [46] Hoc eciam predixerat eis ante per David multis et diversis eloquiis, specialiter quando dixit: «Ego pax, et cum loquebar illis, impugnabant me gratis.» (David C° XIX°)[24] [47] Item cum dicit: «Conspirabant in animam justi, et sanguinem innocentem condempnabunt.» (David, XCIII° c°)[25] [48] Item cum dicit: «[...] Universi vos, tamquam paries inclinatus, et maceria[26] corruens.» (David, LXI c°)[27] [49] Item non possent aliquo modo Judei allegare ignoranciam super impietate vel reatu comissi criminis, et Massiam[28] promissum patribus denunciavit eis per Jeremiam prophetam, ambo predicta simul, scilicet vastacionem ipsorum et causam vastacionis predictam, quando dixit: «Grex perditus factus est populus meus; pastores eorum seduxerunt eum, fecerunt eum vagari de monte in collem transierunt, obliti sunt cubilis sui. Omnes qui invenerunt eos comederunt eos [...] pro eo quod peccaverunt domino decori justicie, et expectacioni patrum eorum domino[29].»

[*Perditio populi Judaeorum*]

[50] Ecce in hiis verbis testatur Deus aperte tria:

[21] Jérémie 31,31-32.
[22] Le ms. a *testametum*.
[23] Il faut lire Isaïe 63,10.
[24] Psaumes 120,7; les psaumes sont numérotés par le ms. selon la Vulgate.
[25] Psaumes 94,21.
[26] Le ms. a *materia*.
[27] Psaumes 62,4.
[28] Lu *Messiam*.
[29] Jérémie 50,6-7.

[51] Primum est, quod populus Judeorum perditus est, quia seductus fuit, et quotidie seducitur a suis pastoribus, scilicet sacerdotibus et legis peritis.

[52] Secundum, quod vastaretur undique.

[53] Tercium, quod ideo vastarent, quia peccaverint contra expectacionem patrum suorum, id est contra illum per quem patres redimi expectabant sicut Deus eis promiserat. Et qui esset doctor justicie et Dominus quem autem expectarent, vel considerarent, ipsemet Jeremias expressit, quando dixit: «Spiritus oris nostri Christus Domini.» (Jeremias IIII°)[30]; ut autem hostenderet quod de Jhesu natzareno loquebatur subjunxit: «Captus est in peccatis nostris[31].» [54] Quia sicut Ysayas predixerat ille quem patres expectabant pro redemptore, ut scilicet de inferno extraheret eos, mori debebat pro eis, et sicut agnus debebat duci ad occisionem, et precio sui sanguinis debebat eos extrahere de carcere, vel de lacu inferni, sicut fuerat prophetatum per Zacariam, quando dixit: «Tu vero in sanguine testimonii tui eduxisti victos de lacu, in quo non erat aqua.» (Zacarias, IX° ca°)[32] [55] Item eciam doctor justicie quia per ipsum, ut predixit Daniel: «Debebat perfici justicia sempiterna[33].» [56] Ipse eciam est dominus, sicut predixit Malaxias propheta, quando dixit: «Statim veniet ad templum sanctum suum dominator, quem vos queritis, et angelus testamenti, quem vos vultis.» (Malaxias IIII°.a.)[34]

[*Pejores quam patres*]

[57] Constat autem, quod ad templum hedifficatum tempore Malaxie non venit ex parte Dei aliquis nuncius, qui doceret testamentum, vel fedus novum, quod fuerat denunciatum per Jeremiam, nisi[35] Jhesus natzarenus, contra quem Judei perpetraverunt illam pravitatem[36], quam Deus dicit fuisse majorem, sine comparicione impietate gentilium, et eciam major fuit quam impietas patrum suorum, sive antecessorum. [58] Et hoc eciam expresse testatur non solum pena subsecuta gravior, ut est dictum, sed eciam expressus Dei sermo, quando dicit Jeremias: «Delinquerunt me patres vestri, ait Dominus, et abierunt post deos alienos, et servierunt eis, et adoraverunt eos; et me delinquerunt, et legem meam non custodierunt. Set et vos pejus operati estis, quam patres vestri.» (Jeremias XVI°.g.)[37]

[*Judaeorum peccatum pejus est quam ydolatria*]

[59] Certum est autem, quod nullum peccatum potest esse pejus quam ydolatria, nisi illud quod dixit per Ezecariam et Ysayam fuisse perpetratum

[30] Lamentations 4,20.
[31] *Ibid.*
[32] Zacharie 9,11.
[33] Daniel 9,24.
[34] Malachie 3,1.
[35] Le ms. a *ubi*.
[36] Le ms. a *captivitatem*.
[37] Jérémie 16,11-12.

in Christum Deum, vel in sanctum Dei suppradictum. [60] Quia loquendo de aliis sanctis certum est, quod patres eorum offenderant illos. Nam Zacariam filium Barachie lapidaverunt, et Ysahiam serraverunt, et sic de aliis prophetis quos persecuti sunt. [61] Unde si isti pejus operati sunt, quam patres sui ut Deus dicit, necesse est quod offensa [fol. 106a] per eos illata huic sancto suo, de quo dixit et per Ezexielem, sit gravioris culpe, quam omnia alia peccata, quod comiserant antea Judei, sive gentiles. [62] Sed ut Deus clarius manifestaret, quod culpa comissa contra sanctum suum, scilicet Jhesum natzarenum, esset cunctis aliis gravior, voluit exprimere omnes malicias, quibus persequti sunt sanctum Dei, et contempserunt ei, impugnando suam veritatem.

[*Prima malitia: odium gratis*]

[63] Inter quas malicias prima est animi, scilicet odium gratis, pro quo dixit per David: «Multiplicati sunt super capillos capitis mei, qui oderunt me gratis.» (David LXVIIIIº)[38] [64] Et ne forte quis intelligeret istud de gentilibus, dixit in eodem psalmo: «Extraneus factus sum fratribus meis, et peregrinus filiis matris mee[39].» [65] Item per Amos prophetam dixit: «Oderunt in porta corripientem, et loquentem perfecte abominati sunt.» (Amos, Vº caº)[40] [66] Item per eundem dixit: «Novi multitudinem iniquitatum vestrarum, et forcia peccata vestra, hostes justi.» (Amos, Vº caº)[41] [67] Item per Abdiam prophetam: «Propter odium fratris tui Jacob, operiet te confusio, et peribis in eternum.» (Abdias IIº.a.)[42]

[*Malitia oris: mendacia*]

[68] Secunda vero malicia est oris, et per istam tripliciter impugnarunt, et eciam impugnant, vel persecuntur eum, scilicet menciendo et negando et blasfemando. [69] Scienter enim student invenire mendacia contra eum ut[43] ejus dignitatem extingant, et ideo Deus loquens Judeis de isto sancto suo, quem noluerunt[44] admittere, dicit: «Ffilii viri ut quid erubicitis graciam meam diligitis vanitatem et queritis mandacium[45]?» (David XXIIIIº)[46] [70] In istis verbis vocat Judeos filios viri, scilicet Abrae, a quo[47] descendunt secundum carnem, et reprehendit eos de duobus.

[71] Primo, quia erubescunt confiteri et admittere sanctum suum.

[38] Psaumes 69,5.
[39] Psaumes 69,9.
[40] Amos 5,10.
[41] Amos 5,12.
[42] Abdias 10.
[43] Le ms. a *et*.
[44] Le ms. a *noluit*.
[45] Lu *mendacium*; l'alternance entre *mendacium* et *mandacium* est fréquente. Nous respectons l'orthographe originale dans la suite du texte.
[46] Psaumes 4,3.
[47] Le ms. a *aquo*.

[72] Secundo, quia querunt mendacia contra eum, et ut cognoscant forcius errorem suum, exprimit eis consequenter dignitatem istius sancti, cum dicit: «Scitote, quoniam mirifficavit Dominus sanctum suum.» (David, XXIII-I° ca°)[48] [73] Item per eundem exprimit istud studium ipsorum, quando dicit: «Cogitaverunt repellere pacem et complacuerunt sibi in mendacio.» (David in eodem ca°)[49] [74] Item per Jeremiam: «Docuerunt lingam suam loqui mendacium.» (Jeremias VIIII°.b.)[50] [75] Item per Osoe: «Ve eis, qui recesserunt a me[51]; vastabuntur, quia prevaricati sunt in me; et ego redemi eos, et ipsi loquti sunt contra me mendacium.» (Osoe VII°)[52] Et postea dicit: «Et in me cogitaverunt maliciam.» (Osoe VII° d°)[53] [76] Ecce istis verbis testatur aperte Deus, quia Judei vastantur propter mandacia que locuntur adversus Deum, et propter malicias quas cogitant contra eum, quia quitquid loquntur et cogitant contra sanctum suum, quem ipse mirificavit, est contra Deum.

[*Judei perverterunt verba Dei*]

[77] Maliciam vero, quam cogitant, est tante iniquitatis, quo adhuc possint extingere veritatem sancti Israel, scilicet Messie principalis, qui est Jhesus natzarenus. [78] Per omnem mundum student pervertere verba Dei, sicut ipse Deus denunciavit eis per Jeremiam, quando dixit: «Pervertistis verba Dei viventis, domini exercituum Dei vestri.» (Jeremias XXIII.g.)[54] [79] Ex ista malicia odiendi sanctum Domini, et voluntatem extingendi, et obfuscandi ejus, perpetrant secundam impietatem oris, scilicet negare Dominum et sanctum Israel. [80] Propter hoc dicit eis per Jeremiam prophetam: «Prevaricacione prevaricata est in me domus Israel, et domus Juda, ait Dominus. Negaverunt Dominum et dixerunt: «Non est ipse.» (Jeremias V°.b.)[55] [81] Per que verba Deus expresse testatur, quod ipsi negant Messiam verum et principalem, qui est Dominus absolute. [82] Quoniam rectum est quod Judei directe vel absolute non negant Dominum, unde, cum Deus dicit eos negare Dominum, non dicat falsum, et Judei unquam dixerint de aliquo «non est ipse» Dominus, quem expectamus, nisi de Jhesu natzareno, constat per hec verba.

[*Dicunt Jhesum non esse Messiam*]

[83] Redarguit eos de negacione Jhesu natzareni, quem dicunt non esse Messiam verum et principalem. [84] De mandacio vero simul et repudiacione istius sancti Israel arguit eos simul pro hiis, quando dicit: «Populus

[48] Psaumes 4,4.
[49] Psaumes 35,20.
[50] Jérémie 9,4.
[51] Le ms. a *ame*.
[52] Osée 7,13.
[53] Osée 7,15.
[54] Jérémie 23,36.
[55] Jérémie 5,11-12.

ad [fol. 106b] iracundiam provocans est, filii mendaces, nolentes audire legem Dei. Qui dicunt videntibus: «Nolite videre!» et aspicientibus: «Nolite aspicere nobis que recta sunt! loquimini nobis placencia, videte[56] nobis errores [...] cessent a facie mea sanctus Ysrael.» (Ysayas X)[57] [85] Ecce quomodo in hiis verbis testatur Deus aperte, quod Judei sunt mendaces, et nolentes audire legem Dei, ut possint repudiare sanctum Israel, scilicet Messiam verum et principalem. Deum enim, sicut dixi, nusquam directe repudiant, vel confitentur se repudiare, sed de Messia principali, qui est ut audistis expectacio patrum, certum est quod repudiant ipsum, et multis mendaciis repellunt. [86] Et hoc est de quo in psalmo arguit populum Judeorum, cum dicit: «Tu vero repulisti et dispexisti, tulisti Christum tuum, etc.» (David, LXVIII° capitulo)[58] Quo secuntur ab isto vero studio menciendi et repudiandi vel negandi Dominum predictum.

[*Blasphemiae*]

[87] Sequitur tercia iniquitas oris, scilicet quod turpiter et absque omni reverencia blesfamant tam Deum quam Messiam. [88] Messiam enim blesfamant in eo, quod negant et impugnant dignitates ejus, ut cum dicunt, quod non est Jhesus natzarenus, vel quod non est natus de virgine vel quod ipse non est Deus incarnatus vel quod non surrexit a mortuis, vel non suscitavit mortuos, vel non assendit ad celos, vel non misit Spiritum Sanctum dissipulis suis, vel similia Deum vero blesfamant, quando negant, vel mendaciis pervertere student ea, que Deus dixit de eo, quia negando illa, vel pervertendo, affirmant vel astruunt, quod Deus fuerit mendax.

[*Adventus Messiae denunciatus*]

[89] Et gracia exempli sufficit hic ad propositum recitare duo:

[90] Primum, quia Deus denunciavit per prophetas locum et tempus adventus Messie, quando dixit: «Statim veniet ad templum sanctum suum dominator, quem vos queritis, et angelus testimonii quem vos vultis.» (Malaxias III°.a.)[59] [91] Constat autem quod ad illud templum quod per prophetam Malaxiam fuit hedifficatum, non venit aliquis, qui haberet signa et faceret opera Messie principalis, nisi Jhesus natzarenus. [92] Nec possunt dicere, quod de alio templo futuro loqueretur, tamen quia non dixisset statim, tamen quia illud templum erat ultimum, sicut Deus denunciavit per duos prophetas, scilicet per Aggeum, quando dixit: «Major erit gloria hujus domus ultime quam prime.» (Aggeus, II° capitulo)[60] [93] Item per Danielem, quod post

[56] Le ms. a *videre*.
[57] Isaïe 30,9-11.
[58] Psaumes 89,39.
[59] Malachie 3,1.
[60] Aggée 2,9.

destruccionem illius templi, vel desolacionem, «usque ad consummacionem et finem, perseverabit desolacio.» (Daniel, IX° capitulo)[61]

[94] Tempus vero adventus Messie denunciavit Deus per duos prophetas. [95] Primo per Jacob, qui dixit filiis suis: «Congregamini, ut anunciem, que ventura sunt vobis in diebus novissimis.» (Jacob, Genesis XLIX°.b.)[62] [96] Et dixit eis: «Non aufferetur ceptrum de Juda, et dux de femore ejus, donech veniat mitendus, et ei adherebunt gentes vel populi[63].» [97] Et in targum, scilicet in translacione quam fecerunt Judei scripture sacre in lingam Caldeorum, continetur: «adeyse[64] Messia», hoc est: «donech veniat Messias». [98] In istis verbis Deus denunciavit tempus Messie, non affirmando terminum adventus, quia non dicit quod tunch veniret, quando aufferretur virga judicatus aut potestatis a Judeis, sed negando oblacionem istam quam veniret Messias. [99] Certum est autem, quod auctoritatem judicandi inter se non amiserunt prius quam venit Jhesus natzarenus, et XL° II° anno post ascensionem[65] ejus amiserunt eam. [100] Item longe post denunciavit tempus Messie ejusdem per Danielem, cui dixit angelus: «Septuaginta ebdomode[66] tatxate sunt super populum [fol. 107a] tuum, et super urbem sanctam tuam, ut consumetur prevaricacio, et finem accipiat peccatum, et deleatur iniquitas, et abducatur justicia sempiterna, et impleatur visio et professia, ut ungatur sanctus sanctorum» (Daniel IX°.ff.)[67], vel secundum aliam puntuacionem: «sanctuarium sanctuariorum». [101] Postea vero angelus distingit LXX ebdomodas duobus modis, quia LXVIIII[68] assignavit adventum Messie et ejus occisioni; unam vero assignavit, vel aplicuit, hiis que contingerent post occisionem ejus civitati et sanctuariis, sive templo. [102] Item primas distingit Deus in duas partes, quia primo denunciavit reparacionem civitatis, et post hoc dicit, quod usque ad occisionem Christi currerent LXII ebdomode. [103] Et sic expresse innuit, quod in reparacione civitatis et templi regressu populi in Jherusalem post datam licenciam a Ciro[69], consumarentur prime VII ebdomode. [104] Dicit enim sic: «Ab exitu sermonis, ut iterum edifficetur Jherusalem, usque ad Christum principalem, vel ducem, ebdomode VII, ebdomode LXII erunt, et rursum hedificabitur platea, et muri in angustia temporum.» (Daniel IX°.g.)[70] [105] Et cum denunciaverit hanc reparacionem, statim subjungit: «Et post ebdomode LXII occidetur sive abcidetur

[61] Daniel 9,26.
[62] Genèse 49,1.
[63] Genèse 49,10.
[64] Le ms. a *adeyfe*.
[65] Le ms. a *astensionem*.
[66] Pour *hebdomade*; de même *passim*.
[67] Daniel 9,24.
[68] Le ms. a *LXVIIII°*.
[69] Le ms. a *Tiro*.
[70] Daniel 9,25.

Christus[71].» [106] Deinde dicit: «Et civitatem, et sanctuarium dissipabit populus cum duce venturo [...] ffirmabit autem pacto multas ebdomodas una[72].» [107] Primus dixit LXVIIII[73] modo unam, et sic sunt LXX[74]. [108] Et hec omnia per ordinem dixit angelus Danieli sic. [109] Certum est autem, quod completis ebdomodis annorum quas dixit angelus Danieli a tempore licencie date per Cirum non erat rex in Judea, scilicet de Judeis. [110] Unde non potest dici, quod illud quid denunciavit angelus fuisset adimpletum in aliquo rege Judeorum, nec apparuit aliquis Judeus, qui deleret peccata et iniquitates, et doceret justiciam, et per quem ea que prophetata fuerant implerentur, et qui fuisset abcisus, vel occisus, a populo, per occisionem nisi Jhesus nazarenus? [111] Item nullus apparuit Judeus, cui gentes adhererent, sicut dixerat Jacob, nisi ipse, ut Judei amiserunt judicatum et sacerdocium in terra sancta, nisi postquam ipse venit, et post ejus occisionem amiserunt. [112] Quia sicut dixit angelus Danieli, venit populus romanus cum Vespesion, et vastavit civitatem et dispersit populum.

[*Promissio Dei impleta est in Jesu*]

[113] Cum igitur hec omnia, que Deus predixerat esse futura de Messia, promissio patribus adimpleta fuit in Jhesu natzareno, et Deus numquam promiserat eis, nisi unum Messiam in dacione eterne salutis, et in consummacionem, vel complementum eterne justicie in delacione peccatorum.

[114] Constat enim, quod Judei, qui Jhesum natzarenum non recipiunt pro illo Messia, non solum negant dominum suum et sanctum domini, vel sanctum Israel, sed eciam Deum blesfamant, quia supponunt, vel tacite asserunt, quia Deus fuerit mendax in hiis que denunciavit per Jacob et per Danielem; et quod ista blasfemia Dei, et ista negacio Christi veri, fiat ab eis sine omni verecundia.

[115] Patet per hec, quia illa que Deus denunciavit de Messia, promissio patribus sciunt esse [fol. 107b] impleta in Jhesu natzareno, quia ei adhererant gentes, ut dixit Jacob, et omnia alia, que per ipsum et Danielem dicta sunt. [116] Et tamen non erubescunt eum negare, et contra promissionem Dei alium expectare, qui numquam promisit patribus, nisi unum talem qualem Jacob et Daniel scripserunt. [117] Et de ista abominabili causa in verecundia reprehendit eos, quando loquitur per Jeremiam, populo Judeorum, dicentem: «Ffrons mulieris meretricis facta est tibi et noluisti erubescere.» (Jeremie III°.b.)[75] [118] Aliud vero per quid manifestatur, quod Judei satagunt sine fronte mentiri, ut possint veritatem extingere Jhesu Christi natzareni, et

[71] Daniel 9,26.
[72] Daniel 9,26-27.
[73] Le ms. a *LXVIIII°*.
[74] Le ms. a *LXXe*.
[75] Jérémie 3,3.

quod non timent blasfemare Dominum. [119] Quoniam dicunt quod in Messia predicto non debebat divinitas incarnari, ita ut Massias esset[76] homo et Deus, et tamen sciunt, quod Deus dixit per David: «Et in Sion nasceretur vir, qui fundavit eam et ipse esset altissimus.» (David LXXX° VI°)[77] [120] Certum est autem, quod ille altissimus qui fundavit, vel composuit, Syon, non est nisi Deus, per naturam divinam non poterat nasci in Sion, quia natura divina omnia, ergo opportebat per humanam. [121] Item dicit per Ysayam: «Et quidam parvulus nasceretur inter Judeos [...] qui vocaretur [...] Deus fortis.» (Ysayas IX°.a.)[78] [122] Item alibi dicit: «Hec dicit Dominus Deus [...], tantum in te est Deus, et preter te non est Deus, et non est absque Deus. Vere tu es Deus absconditus, Deus Israel salvator.» (Ysayas, XL° V capitulo)[79] [123] Judei vero sciunt, quod in illo capitulo Deus non loquebatur nisi Ysaye vel Ciro, qui ab illo tempore incipit capitulum cum «Dicit dominus Christo suo Ciro[80]», vel Messie principali, de quo loquitur post modum, vel Israel, vel Jherusalem, vel templo; sed ista verba, scilicet «Vere tu es Deus absconditus Deus Israel salvator», non potest dicere de Ysaya nec de Ciro nec de Israel ne de Jherusalem, nec de templo, quia necessario loquitur quod hoc dicat de Messia principali maxime quia per Ysayam dicit tempore Messie: «Tunch cognoscet populus meus nomen meum [...], quia ego qui loquebar» (Ysayas LII°.b.)[81], scilicet ante per prophetas ecce adsum. [124] Certum est autem, quod Deus, quantum ad potenciam suam, ita presens erat mundo, tunch quando dicebat hoc Ysayas, sicut post. [125] Unde cum Deus non dicit aliquid frustra necesse est, quod cum diceret, quod ipsemet esset presens in futuro, quod hoc diceret, quantum ad personalem existenciam in aliquo homine visibili, scilicet in Messiam, quem dixerat vere esse Deum et salvatorem Israel. [126] Et per hoc manifestatur in verecundissima nequicia ipsorum, qua hodiunt Christum, quia non est paganus in mundo, vel saracenus, qui sciret, aut perciperet, ista verba Dei, quod clare non cognosceret, quod Messias predictus haberet divinitatem et nullus defficeret. [127] Et tamen Judei, qui habent legem et dicunt se in ea studere, non confitentur, ymo satagunt pervertere verba Dei, patet ergo per predicta, quod fuit supra propositum, scilicet, quod Judei ex odio Jhesu natzareni comittunt tres impietates ore, scilicet, mendacie fabricare contra Deum et sanctum ejus, et negare [fol. 108a] Dominum, et blasfemare sanctum Israel. [128] Et hec omnia sunt illa, que Deus primo fecit eis denunciari per Ysayam, quando dixit: «Ffilios enutrivi et exaltavi, ipsi autem sprenerunt me. Cognovit bos possessorem suum, et asinus persepe domini sui; Israel autem me non cognovit, et populus meus

[76] Le ms. a *eset*.
[77] Psaumes 87,5.
[78] Isaïe 9,5.
[79] Isaïe 45,14-15.
[80] Isaïe 45,1.
[81] Isaïe 52,6.

me non intellexit. Ve genti pecatrici, populo gravi iniquitate, semine nequam, filiis celeratis! delinquerunt Dominum, blasfemaverunt sanctum Israel, alienati sunt retrorsum.» (Ysayas I°.a.)[82]

[*Ignorantia causae captivitatis*]

[129] Per omnia igitur supradicta patet cunctis intelligentibus, quod illud quod dixit magister Samuel per se et fratribus suis comuniter, scilicet quod ipsi ignorant causam, propter quam in tantam captivitatem posuit eos Deus, est ficcio, quia Deus illam causam suam, audivistis, exprimit latissime per prophetas, quorum dicta ipsi habent, et dicunt se studere in eas. [130] Unde ignoranciam nature non possunt allegare, quia illa comunis est omnibus hominibus. [131] Ita quod pagani et saraceni ignorarent illam, et tamen non ignorant, sed loquendo de ignorancia malicie et malediccionis, certum est quod regnat in eis, et patet per predicta.

[132] Et iterum Deus expresse testatur eos habere ignoranciam malicie, cum dicit per salmistam: «Alienati sunt peccatores a vulva, erraverunt ab utero, loquti sunt falsa. Ffuror illis secundum similitudinem serpentis, et aspidis surde.» (David LVII)[83] [133] Quibus verbis aperte redarguit eos, quia Messiam verum, medicum et sanatorem veneni spiritualis, nolunt audire. [134] Hanc eciam ignoranciam malicie voluit eis exprimere specialiter, quando per Ysayam revelavit eis causam istius vastacionis et captivitatis eorum, dicens: «Quis dedit direpcionem in Jacob, et Israel vastantibus? nonne Dominus ipse est cui pecavimus? Et nolumus in viis eis ambulare, non audierunt legem ejus. Et effudit super eum indignacionem furoris sui, et forte bellum, conbursit eum in circuitu, et non cognovit et succendit eum et non intellexit.» (Ysayas XLII°.d.)[84] Idest, noluit cognoscere vel intelligere. [135] Propter hanc vero cecitatem malicie, vel ignoranciam inflixit eos cecitatem malediccionis, ut videant scripturam. et non cognoscant veritatem, et audiant et non intelligant. [136] Nam per Ysayam dicit eis: «Exceca cor populi hujus, et aures ejus aggrava, et occulos ejus claude, ne forte videant oculis suis, et auribus audiant, et corde suo intelligant, et convertantur, et sanem eos.» (Ysayas)[85] [137] Item alibi dicit eis Ysayas: «Miscuit vobis dominus spiritus soporis, et claudet occulos vestros, et prophetas et principes vestros, qui vident visiones, operiet. Et erit vobis visio omnium, sicut verba libri signati, quem cum dederint scienti litteras, dicent: «Lege istum!» et respondebit[86]: «Non possum, quia signatus est.» Et dabitur liber nescienti litteras,et dicetur ei: «Lege», et respondebit: «Nescio litteras.» (Ysayas)[87]

82 Le ms. a *.a°.*; Isaïe 1,2-4.
83 Psaumes 58,4-5.
84 Isaïe 42,24-25.
85 Isaïe 6,10.
86 Le ms. a *respodebit*.
87 Isaïe 29,10-12.

[*Propter impietatem percussi*]

[138] Quibus testimoniis patet, quod propter impietatem suam percussi sunt a Deo cecitatem malediccionis in totum, quod nec scientes litteras nec ignorantes possunt intelligere verba Dei, quamdiu permanebunt in supradicta impietate. [139] Et hoc fuit, quod prophetavit eis antea per David, quando dixit [fol. 108b]: «Obscurentur occuli eorum, ne videant, et dorsum eorum semper incurva.» (David LVII°)[88] Et cum hoc predixit eis, quod quanto plus legerent in sacra scriptura perseverando in ista impietate, tanto minus intelligerent, et essent eis sicut laqueus in collo positus, qui quanto magis stringitur, magis suffocat. [140] Ideo dicit: «Ffiat mensa eorum coram ipsis in laqueum, et in retribucionem, et in scandelum.» (David eodem capitulo)[89]

[*Rex Ludovicus fecit comburi omnia talmuta*]

[141] Unde quidquid a tempore citra scripserunt eorum doctores in eorum talmutis ad exposicionem bibblie, verifficat propheciam, quia totum est in dampnacionem, quia nichil traditur ibi nisi devium a veritate, vel valde diminutum et plenum ambiguitatibus. [142] [90] Et hec fuit causa, quare sanctus Ludovicus rex Ffrancie fecit comburi omnia talmuta, que poterat inveniri in toto dominio suo, postquam scivit, quod multe abominabiles blasfemie de Christo continebantur ibi. [143] Tanta est impietas predicti odii, quod non solum auffert eis fructum sacre scripture, sed eciam fructum illarum tradicionum quas scripserunt.

ANNEXE IVa

Traduction du texte précédent.

1.

[1] Au nom du juge éternel duquel procèdent les jugements justes, le seigneur roi de France est certain par l'Ecriture sainte de trois choses:

[*Les juifs sont rejetés*]

[2] La première est que tous les juifs sont rejetés et réprouvés de Dieu, comme il a été prophétisé par Osée, qui a dit: «Mon Dieu les rejettera

[88] Psaumes 69,24.
[89] Psaumes 69,23.
[90] En face de cette ligne, on trouve le mot *noviter* ou *nova pars*, qu'il faut peut-être insérer avant *et hec fuit causa*.

– parce qu'ils ne l'ont pas écouté – pour qu'ils soient errants parmi les nations.» [Osée 9,17] [3] Il leur a exprimé cette réprobation, et même la cause de cette réprobation quand il a dit: «Quelle est la lettre de divorce de votre mère par laquelle je l'aurais répudiée? Ou bien, quel est celui de mes créanciers auquel je vous aurais vendus? Voici, c'est à cause de vos fautes que vous avez été vendus, c'est à cause de vos transgressions que votre mère a été répudiée. Pourquoi suis-je venu, sans qu'il y ait quelqu'un, pourquoi ai-je appelé, sans que personne entende ou réponde?» [Isaïe 50,1-3] [4] Voici que par ces paroles Dieu atteste qu'il a renvoyé et répudié les juifs et la synagogue leur mère à cause de leurs iniquités et de leurs crimes, et c'est pour cela qu'il est venu à eux et qu'ils l'ont répudié.

[*La cause: la haine du Messie*]

[5] La deuxième chose dont le seigneur roi est assuré, est que le principal motif ou la principale cause pour laquelle il les a réprouvés, est la haine de leur juste frère, qui est le Messie, disant à Dieu par le prophète: «A cause du meurtre et de la violence contre ton frère, Jacob, la honte te couvrira et tu seras retranché à jamais.» [Abdias 10] [6] Derechef il a dit par un autre prophète: «Je sais que nombreux sont vos forfaits [...] hostiles au juste.» [Amos 5,12] [7] Et par le même il a dit: «Ils détestent, à la Porte, tout censeur et ils abhorrent celui qui parle sincèrement!» [Amos 5,10]

[*La damnation éternelle*]

[8] La troisième chose dont le seigneur roi est assuré, est que les juifs, à cause des crimes mentionnés, sont non seulement rejetés pour un temps, mais même condamnés éternellement à l'enfer avec les démons. [9] De sorte que, comme le diable est captif et retenu en enfer pour subir une peine éternelle, ainsi tous les juifs sont conduits là captifs pour leur éternelle damnation, Dieu disant par Isaïe: «C'est pourquoi mon peuple sera déporté, à cause de son ignorance. Sa noblesse mourra de faim et sa multitude sera altérée par la soif. Et le prophète [a dit] que le Sheol s'élargira lui-même [...], et ses puissants, ses grands et ses héros s'y engouffreront.» [Isaïe 5,13-14]

[*Cette captivité est plus pénible que les précédentes*]

[10] Maître Samuel a confessé naguère en présence du seigneur roi que cette captivité est la dispersion des juifs, dans laquelle ils sont maintenant et dans laquelle ils ont été depuis le temps où Titus et Vespasien les ont chassés de la Terre sainte; cette captivité est beaucoup plus lourde qu'aucune de celles qui avaient précédé, et même que toutes ensemble, et vous donnez une raison claire ou vous l'exprimez, alors que celle-ci, qui a déjà duré plus de mille ans, fut et est tout à fait sans aucune des grâces, aussi bien terrestres que célestes, que Dieu leur accordait dans les précédentes captivités

ou dispersions. [11] Car dans cette captivité ils n'eurent aucun commandement, aucune prééminence, aucun jugement de leurs Sages, aucun soulagement nulle part, comme il y en eut dans les autres captivités, aucun envoyé de Dieu comme un prophète ou un ange. [12] Dans les autres captivités en effet Dieu leur envoya fréquemment des prophètes, et un ange comme Tobie, qui se manifesta à l'époque de la captivité des dix tribus par le roi des Assyriens, et ce fut Raphaël, mais dans cette captivité Dieu n'envoya d'ange ni à l'un ni à tous comme un prophète, et c'est pourquoi justement vous avez avoué que cette captivité était plus pénible que les précédentes.

[*Et la faute plus grave*]

[13] A cause de cet aveu juste et vrai, la raison vous force à avouer à la suite que la faute pour laquelle les juifs sont placés dans cette captivité est plus grave qu'aucune de celles pour lesquelles ils furent en captivité auparavant, car cette peine est infligée par Dieu, et lui est un juge juste qui ne punit pas quelqu'un plus que sa faute ne l'exige. [14] Vous avez avoué justement que cela demandait nécessairement que la faute des juifs, pour laquelle ils ont été placés dans cette captivité, fût plus grave ou plus grande que quelqu'une de celles, ou toutes ensemble, à cause desquelles ils furent en captivité auparavant. [15] Si donc vous avez avoué les deux choses précédentes, comme vous êtes homme de raison, vous allez donc répondre en conséquence à la proposition du seigneur roi sur les causes de cette captivité. Lui-même en effet a proposé **[104b]** par moi que les juifs avaient été placés dans cette captivité pour la raison qu'ils haïssent leur frère juste, qui est Jésus de Nazareth, et ses apôtres.

[*Deux réponses des juifs*]

[16] Vous avez donc répondu aux deux propositions. [17] La première chose a été communément admise par vous et vos autres frères, à savoir qu'aucun de vous ne connaissait la cause d'une si grande captivité, puisque vous ignorez les secrets de Dieu. [18] L'autre, dont vous avez dit qu'elle vous était propre, puisque vous avez dit que vos coreligionnaires ne la tiendraient pas en mal, puisque vous avez lu les évangiles et vous savez que l'auteur en était un homme juste et ami de Dieu, ou que la doctrine qui s'y trouve, à savoir que Jésus de Nazareth était un homme juste et ami de Dieu, et pour cette raison vous ne l'aviez pas en haine parce que vous saviez qu'il était un homme juste et vertueux, et ainsi, dans la mesure où la cause attribuée à la captivité vous touchait, vous l'avez niée.

[*Proposition du roi: recevoir le baptême*]

[19] Puisque vraiment le seigneur roi vous invitait et vous exhortait par sa proposition à recevoir le baptême selon la doctrine de l'Evangile et à devenir

ses frères, autrement la saine justice publique ne pourrait vous tolérer, autant celle de la sociabilité que celle de la foi chrétienne et de la société des chrétiens.

[20] Vous avez répondu à ces deux questions, et l'une de [vos réponses] fut de vous excuser, ainsi que vos frères, de votre refus du baptême, car vous avez dit qu'une seule chose vous retenait d'accepter le baptême, à savoir qu'il n'était pas évident pour vous, ou que ce n'était pas clair, que la divinité fût incarnée en Jésus de Nazareth. [21] L'autre [réponse] que vous avez donnée est la parole par laquelle vous tendiez à persuader le seigneur roi qu'il pouvait vous tolérer à bon droit, parce que vous n'étiez pas idolâtres, ni malfaisants, et ainsi vous sembliez vouloir prouver qu'il agirait injustement s'il vous chassait de son royaume ou vous séparait des chrétiens.

2.

[*Nouvel examen du roi*]

[22] Toutes les choses qui ont été dites ci-dessus, si vous les passez en revue, ont été proposées ici par vous sur la proposition du seigneur roi, bien et de manière juste selon le style et la manière de la raison humaine. [23] Aussi le seigneur roi considère que les événements qui agissent et tendent à agir contre les juifs ne sont pas purement humains, mais plutôt divins. [24] C'est pourquoi, à cause de l'honneur de Dieu et de toute la cour céleste, et du salut de vos âmes, il vous a une seconde fois appelé en sa présence, pour compléter ce qui manquait dans la proposition qui vous avait été faite récemment et exprimer les doutes que suscite cette proposition dans votre esprit.

[*Les juifs ne sont pas justifiés*]

[25] Et d'abord il entend montrer le doute que vous avez posé au sujet de la cause ou sur la cause de cette captivité. [26] Et parce que vous avez dit que vous ne connaissez pas les choses qui sont dans le secret de Dieu, dit le seigneur roi, que vous vous êtes excusés par ignorance, et lui et tous les rois catholiques sont excusés au sujet de cela, si Dieu n'avait pas révélé son secret sur la cause de cette captivité plus grave que toutes les autres. [27] D'où il s'ensuit que, puisqu'il a révélé son secret tant aux chrétiens qu'aux juifs, ils ne doivent pas l'ignorer, mais bien au contraire le considérer attentivement et remarquer comment et à cause de quoi les juifs sont plus coupables ou plus accusés d'une manière générale de cette dernière captivité que dans l'une des précédentes captivités, [28] ce qui est déclaré par cela qu'ils sont plus impies au jugement de Dieu, qui ne peut se tromper, qu'idolâtres; les juifs et les chrétiens ne doivent pas ignorer que Dieu leur a révélé ce secret par Ezéchiel. [29] Quand il a prononcé à leur encontre cette [peine de] captivité dans laquelle ils se trouvèrent par le dernier siège de Jérusalem, il leur

a dit: «Sainte est Jérusalem! Je **[105a]** l'avais placée au milieu des nations; à l'entour d'elle il y avait [des pays]. Mais elle a été rebelle à mes règles, par suite d'une méchanceté pire que celle des nations; et à mes ordonnances, plus que les pays qui sont à l'entour d'elle.» [Ezéchiel 5,5-6] [30] Or c'est un fait établi que les écrits, par Jérusalem et par Sion et Israël et des noms semblables, donnent à comprendre communément «le peuple juif», mais cela est déclaré en particulier, puisque peu après il leur annonce la dispersion dans laquelle ils ont été conduits par cette impiété plus grande que celle des Gentils, qui étaient idolâtres, quand il dit: «Moi aussi je me lèverai sans que mon œil s'apitoie! Moi aussi je serai sans merci! Un tiers des tiens mourra par la peste ou périra par la famine au milieu de toi; un tiers tombera sous le glaive tout autour de toi; j'en disperserai un tiers à tout vent et je dégainerai le glaive derrière eux.» [Ezéchiel 5,11-12]

[*Les juifs plus impies que les Gentils*]

[31] Voici comment à la lettre il leur annonça leur dispersion, qui fut faite au siège de Jérusalem par Titus et Vespasien, et qu'ils ont subie, comme ils dirent, parce qu'ils étaient plus impies que les Gentils. [32] Car vraiment quelqu'un pourrait s'étonner que – ce que Dieu a dit – les juifs fussent plus impies que les Gentils, qui étaient idolâtres, à cause de cela Dieu déclare au même moment cela, révélant l'impiété qu'ils ont exercée, puisqu'il dit immédiatement avant ces paroles: «Etant donné que tu as souillé mon sanctuaire avec toutes tes horreurs et toutes tes abominations.» [Ezéchiel 5,11] [33] Par ces paroles Dieu atteste expressément que les juifs, qui par ce siège furent ruinés et dispersés, profanèrent son Saint par des horreurs et des abominations, et il déclare comment en cela ils furent plus impies que les Gentils, au début de la phrase qui dit qu'ils se sont insurgés contre ses prescriptions et ses statuts, puisque les Gentils, bien qu'ils fussent idolâtres, ne connaissaient cependant pas le vrai Dieu comme les juifs le connaissaient, non seulement par l'Ecriture sainte, mais aussi par l'expérience des nombreux bienfaits qu'ils avaient reçus de Dieu. [34] De même, les Gentils n'offensaient pas ni ne faisaient violence à ceux qui servaient leurs dieux. [35] Mais ceux-là non seulement offensèrent le Saint du vrai Dieu et ceux qui le servaient, mais ils les tuèrent. [36] De même, les Gentils ne méprisaient pas les prescriptions de leurs dieux; mais les juifs, en offensant et en tuant Jésus de Nazareth ont méprisé tous les préceptes du vrai Dieu; et d'abord les préceptes généraux, comme le précepte de l'amour de Dieu, car il n'aime pas Dieu par-dessus tout, celui qui persécute ou offense l'envoyé de Dieu. [37] De même, le précepte de l'amour du prochain, celui qui dit un faux témoignage contre son prochain, ou celui qui l'injurie, et surtout s'il le tue, ne l'aime pas comme soi-même, comme Dieu l'a prescrit.

[38] De même, ils méprisèrent le précepte précis que Jésus de Nazareth leur avait donné, quand il leur dit par Moïse: «Je leur susciterai du milieu de leurs frères un prophète comme toi et je mettrai mes paroles en sa bouche, il leur dira tout ce que je lui commanderai. Or l'homme qui n'écoutera pas ses paroles, celles qu'il dira en mon nom, je lui en demanderai compte.» [Deutéronome 18,18-19]

[*La loi nouvelle est dénoncée par les juifs*]

[39] Voici que Dieu a expressément commandé aux juifs par ces paroles de croire à ce prophète qui était semblable à Moïse, c'est-à-dire que de la part de Dieu il leur offrait à nouveau une loi, comme Moïse, et il leur annonçait que s'ils ne croyaient pas, il les punirait. [40] Mais il est certain que depuis Moïse, aucun juif n'apporta une loi nouvelle au peuple de la part de Dieu, si ce n'est Jésus de Nazareth. [41] Et ils ne peuvent dire qu'ils auraient ignoré que Dieu donnerait une certaine loi nouvelle qui leur avait été annoncée par le prophète Jérémie, qui avait dit: «Voici que des jours viennent – oracle du Seigneur – où je conclurai avec la maison d'Israël et avec la maison de Juda une alliance nouvelle, non pas comme l'alliance que j'ai conclue avec leurs pères, au jour où je les ai pris par la main pour les faire sortir du pays d'Egypte.» [Jérémie 31,31-32]

[42] Voici en quels termes il leur avait expressément annoncé qu'il allait leur donner un jour une nouvelle loi ou une nouvelle alliance ou testament. [43] Il a donc déjà été déclaré par la parole de Dieu que les juifs sont plus impies ou coupables que les Gentils, à cause des offenses qu'ils ont faites à son Saint, qui est Jésus de Nazareth **[105b]**, et qu'à cause de cela il les a emmenés dans une si dure captivité.

[*Le secret du Christ est révélé*]

[44] [Dieu] leur avait révélé ce secret même longtemps avant par Isaïe, quand il dit: «Eux furent rebelles, ils blessèrent son esprit saint et il se transforma en ennemi à leur égard; lui-même les combattit.» [Isaïe 63,10] [45] De quelle manière ils le firent souffrir même jusqu'à la mort, Dieu l'a pleinement décrit par Isaïe, comme les juifs le firent périr à la lettre. [46] Cela aussi il le leur avait prédit auparavant par David en de nombreuses et diverses paroles, spécialement quand il avait dit: «Moi, j'incarne la paix, mais, dès que je leur parle, ils m'attaquent sans motif.» [Psaumes 120,7] [47] De même quand il dit: «Ils s'attroupent contre l'âme du juste et ils condamnent le sang innocent.» [Psaumes 94,21] [48] De même quand il dit: «Vous tous, tel un mur qui penche, des matériaux renversés.» [Psaumes 62,4] [49] De même pour que les juifs ne pussent d'une manière quelconque alléguer leur ignorance au sujet de cette impiété ou de la responsabilité du crime commis, il leur a annoncé par le prophète Jérémie le

Messie promis à leurs pères, deux prédictions en même temps: leur dévastation et la cause de leur dévastation, quand il a dit: «Ceux de mon peuple étaient des brebis perdues: leurs pasteurs les avaient égarés, les avaient fait errer; de montagne en colline ils étaient allés, ils avaient oublié leur bercail. Tous ceux qui les trouvaient les dévoraient [...], puisqu'ils ont péché contre le Seigneur, demeure de justice, et contre l'espoir de leurs pères, le Seigneur.» [Jérémie 50,6-7]

[*La perte du peuple juif*]

[50] Voici que par ces paroles Dieu affirme clairement trois choses:

[51] Premièrement, que le peuple juif a été perdu, parce qu'il a été séduit et qu'il est séduit chaque jour par ses pasteurs, qui sont les prêtres et les docteurs de la loi.

[52] Deuxièmement, qu'il a été ravagé de tous côtés.

[53] Troisièmement, qu'ils ont été ravagés ainsi parce qu'ils avaient péché contre l'attente de leurs pères, c'est-à-dire contre celui par lequel leurs pères attendaient d'être rachetés, comme Dieu le leur avait promis. Et qui devait être le docteur de justice et le Seigneur qu'ils attendaient ou considéraient, Jérémie l'a représenté lui-même, quand il a dit: «Le souffle de nos narines, le Christ du Seigneur» [Lamentations 4,20]; et pour montrer qu'il parlait de Jésus de Nazareth, il ajouta: «Il a été pris à cause de nos péchés.» [*Ibid.*] [54] Parce que, comme Isaïe l'avait prédit, celui que les pères attendaient comme rédempteur pour qu'il les sorte de l'enfer, il devait mourir pour eux, et comme un agneau il devait être conduit à la mort et les tirer de prison ou de l'enfer au prix de son sang, comme cela avait été prophétisé par Zacharie quand il avait dit: «Quant à toi, par le sang de ton alliance, tu relâcheras les prisonniers de la citerne sans eau.» [Zacharie 9,11] [55] De même aussi le docteur de justice, parce que par lui, comme l'a prédit Daniel: «La justice éternelle devait régner.» [Daniel 9,24] [56] Lui-même est le Seigneur, comme le prophète Malachie l'a prédit, quand il a dit: «Soudain arrivera dans son saint Temple le Seigneur que vous réclamez et l'envoyé de l'alliance que vous désirez.» [Malachie 3,1]

[*Pires que leurs pères*]

[57] C'est un fait reconnu que pour le Temple édifié au temps de Malachie, aucun envoyé ne vint de la part de Dieu pour enseigner le testament ou la nouvelle alliance, qui avait été annoncée par Jérémie, si ce n'est Jésus de Nazareth, contre lequel les juifs avaient accompli cette perversité que Dieu dit avoir été plus grande, sans comparaison à l'impiété des païens, et même plus grande que l'impiété de leurs pères ou de leurs devanciers. [58] Et cela est même affirmé clairement non seulement par une peine consécutive plus lourde, comme il est dit, mais même la parole de Dieu exprimée, quand

Jérémie dit: «Vos pères m'ont abandonné – oracle du Seigneur – et ils sont allés à la suite des autres dieux, ils les ont servis et se sont prosternés devant eux, ils m'ont abandonné et ils n'ont pas gardé ma Loi. Et vous, vous avez agi plus mal que vos pères.» [Jérémie 16,11-12]

[*Le péché des juifs est pire que l'idolâtrie*]

[59] Il est aussi certain qu'aucun péché ne peut être pire que l'idolâtrie, si ce n'est celui qui fut dit par Zacharie et Isaïe avoir été accompli contre le Christ Dieu ou le Saint de Dieu annoncé ci-dessus. [60] Car, pour parler des autres saints, il est certain que leurs pères les avaient offensés. Car ils lapidèrent Zacharie, le fils de Baruch, et scièrent Isaïe, et ainsi d'autres prophètes qu'ils ont persécutés. [61] D'où [il suit que] s'ils ont agi de manière pire que leurs pères, comme Dieu le dit, il est nécessaire que les offenses **[106a]** infligées par eux à son Saint, dont Ezéchiel a parlé, soient une faute plus grave que tous les autres péchés que les juifs ou les Gentils avaient commis auparavant. [62] Mais, pour que Dieu montre plus clairement que la faute commise contre son Saint, qui est Jésus de Nazareth, était plus grave que toutes les autres, il a voulu représenter toutes les malices au moyen desquelles ils ont persécuté le Saint de Dieu et l'ont méprisé, en attaquant sa vérité.

[*Première malice: la haine sans raison*]

[63] Parmi ces malices, la première est de l'esprit, et c'est la haine sans raison, pour laquelle il a dit par David: «Plus nombreux que les cheveux de ma tête ceux qui me haïssent sans raison.» [Psaumes 69,5] Et pour que d'aventure quelqu'un ne comprenne pas cela des Gentils, il a dit dans le même psaume: «Je suis devenu un étranger pour mes frères et un exotique pour les fils de ma mère.» [Psaumes 69,9] [65] De même il a dit par le prophète Amos: «Ils détestent, à la Porte, tout censeur et ils abhorrent celui qui parle sincèrement!» [Amos 5,10] [66] De la même façon il a dit par le même [prophète]: «Je sais que nombreux sont vos forfaits et graves vos péchés, hostiles au juste.» [Amos 5,12] [67] De même par le prophète Abdias: «A cause de la violence contre ton frère, Jacob, la honte te couvrira et tu seras retranché à jamais.» [Abdias 10]

[*La malice de la bouche: les mensonges*]

[68] La seconde malice est celle de la bouche, et par elle ils l'ont triplement attaqué, et ils l'attaquent encore ou le persécutent en mentant, en niant et en blasphémant. [69] En effet ils s'appliquent adroitement à trouver des mensonges contre lui pour faire disparaître sa dignité, et c'est pourquoi Dieu, parlant aux juifs de son Saint qu'ils n'ont pas voulu admettre, dit: «Fils de l'homme, pourquoi avez-vous honte de ma grâce, aimez-vous des riens et recherchez-vous le mensonge?» [Psaumes 4,3] [70] Par ces paroles

il appelle les juifs des fils de l'homme, c'est-à-dire d'Abraham, duquel ils descendent selon la chair, et il les reprend sur deux points:

[71] Premièrement, ils ont honte de confesser et d'admettre son Saint.

[72] Deuxièmement, ils cherchent des mensonges contre lui et, pour qu'ils connaissent plus fermement leur erreur, il leur exprime en conséquence la dignité de ce Saint, lorsqu'il dit: «Sachez que le Seigneur a glorifié son Saint.» [Psaumes 4,4] [73] De même, par le même [livre], il exprime leur goût quand il dit: «Ils ont pensé à repousser la paix et ils se sont plu dans le mensonge.» [Psaumes 35,20] [74] De même par Jérémie: «Ils ont appris à leur langue à dire le mensonge.» [Jérémie 9,4] [75] De même par Osée: «Malheur à eux, puisqu'ils ont fui loin de moi: ils seront dévastés, puisqu'ils m'ont trahi! Moi, je voulais les affranchir, mais ils ont dit des mensonges contre moi.» [Osée 7,13] Et ensuite il dit: «Mais contre moi ils méditaient du mal!» [Osée 7,15] [76] Voici que par ces mots Dieu atteste ouvertement que les juifs sont ruinés à cause des mensonges qu'ils ont proférés contre lui et à cause du mal qu'ils ont médité contre lui, parce que tout ce qu'ils disent et pensent contre son Saint, qu'il a lui-même glorifié, est contre Dieu.

[*Les juifs ont bouleversé les paroles de Dieu*]

[77] Toutefois le mal qu'ils méditent est d'une si grande iniquité qu'ils peuvent encore effacer la vérité du Saint d'Israël, c'est-à-dire du Messie primordial, qui est Jésus de Nazareth. [78] Dans le monde entier ils s'appliquent à bouleverser les paroles de Dieu, comme Dieu lui-même le leur a déclaré par Jérémie, quand il a dit: «Vous renversez les paroles du Dieu vivant, le seigneur des armées, votre Dieu!» [Jérémie 23,36] [79] Par cette malignité pour haïr le Saint du Seigneur, effacer et obscurcir sa volonté, ils commettent une seconde impiété en parole, qui est de nier le Seigneur et le Saint d'Israël. [80] A cause de cela il leur dit par le prophète Jérémie: «C'est que vraiment elles m'ont trahi, la maison d'Israël et la maison de Juda – oracle du Seigneur. Ils ont renié le Seigneur, ils ont dit: «Il n'existe pas.» [Jérémie 5,11-12] [81] Par ces paroles Dieu a ouvertement attesté qu'ils nient eux-mêmes le Messie vrai et primordial, qui est Seigneur d'une façon parfaite. [82] Parce qu'il est juste que les juifs ne nient pas le Seigneur naturellement ou d'une façon générale, il s'ensuit que lorsque Dieu dit qu'ils nient le Seigneur, il ne ment pas, et les juifs n'ont jamais dit d'un tel «il n'est pas lui-même» le Seigneur que nous attendons, si ce n'est de Jésus de Nazareth, et c'est un fait établi par ces paroles.

[*Ils disent que Jésus n'est pas le Messie*]

[83] Il les a réfutés au sujet de la négation de Jésus de Nazareth, dont ils disent qu'il n'est pas le Messie vrai et primordial. [84] Mais au sujet du

mensonge et du refus en même temps du Saint d'Israël, il le prouve pour eux quand il dit: «C'est un peuple **[106b]** incitant à la colère, des fils renégats, qui ne consentent pas à écouter la loi de Dieu, eux qui disent aux voyants: «Ne voyez pas!» et aux visionnaires: «Ne contemplez pas pour nous des choses vraies; dites-nous des choses agréables, occupez-vous d'illusions pour nous [...] faites disparaître de devant nous le Saint d'Israël.» [Isaïe 30,9-11] [85] Voici comment par ces paroles Dieu atteste ouvertement que les juifs sont des menteurs qui ne veulent pas écouter la loi de Dieu, pour pouvoir repousser le Saint d'Israël, qui est le Messie vrai et primordial. Comme il a été dit, ils ne repoussent ou ne confessent repousser en aucune façon Dieu directement, mais en ce qui concerne le Messie primordial, qui est comme vous l'avez entendu l'attente de leurs pères, il est certain qu'ils le repoussent et l'écartent avec de nombreux mensonges. [86] Et c'est de cela dont il accuse le peuple juif dans le psaume, lorsqu'il dit: «Pourtant tu as repoussé et tu as méprisé, tu t'es emporté contre ton Christ.» [Psaumes 89,39] Et c'est ce qu'ils poursuivent par cet empressement même à mentir, à repousser et à nier le Seigneur mentionné précédemment.

[*Blasphèmes*]

[87] S'ensuit la troisième iniquité de la bouche, à savoir qu'ils blasphèment d'une manière honteuse et sans aucun respect aussi bien Dieu que le Messie. [88] Le Messie, ils le blasphèment en cela qu'ils nient et attaquent ses mérites, en disant qu'il n'est pas Jésus de Nazareth ou qu'il n'est pas né d'une vierge ou que lui n'est pas Dieu incarné ou qu'il n'est pas ressuscité des morts ou qu'il n'a pas ressuscité des morts ou qu'il n'est pas monté aux cieux ou qu'il n'a pas envoyé l'Esprit saint à ses disciples, ou ils blasphèment Dieu pareillement quand ils nient ou s'appliquent à ruiner par des mensonges ce que Dieu a dit de lui, puisqu'en niant ou en ruinant cela, ils affirment ou maintiennent que Dieu a été menteur.

[*La venue du Messie annoncée*]

[89] En guise d'exemple, il suffira ici à notre propos de rapporter deux [arguments]:

[90] Le premier, que Dieu a annoncé par les prophètes le lieu et le temps de l'arrivée du Messie, quand il a dit: «Soudain arrivera dans son saint Temple le Seigneur que vous réclamez et l'envoyé de l'alliance que vous désirez.» [Malachie 3,1] [91] C'est un fait établi que dans ce Temple qui fut édifié par le prophète Malachie il n'est venu personne qui porterait les signes et ferait les œuvres du Messie primordial, si ce n'est Jésus de Nazareth. [92] Et ils ne peuvent dire qu'il parle d'un autre Temple futur, car il n'eût pas dit aussitôt que ce Temple était le dernier, comme Dieu l'a annoncé par deux prophètes, par Aggée quand il a dit: «Plus grande sera la

gloire de cette Maison, de la seconde plus que de la première» [Aggée 2,9] [93] et par Daniel, qu'après la destruction de ce Temple ou la désolation «la désolation persistera jusqu'à l'accomplissement et jusqu'à la fin.» [Daniel 9,26]

[94] Le temps de la venue du Messie, Dieu l'a annoncé par deux prophètes. [95] Premièrement par Jacob, qui a dit à ses fils: «Rassemblez-vous pour que je vous annonce ce qui vous arrivera dans la suite des jours!» [Genèse 49,1] [96] Et il leur dit: «Le sceptre ne sera pas ôté de Juda ni le guide issu de sa cuisse, jusqu'à ce que vienne celui qui doit être envoyé et auquel obéiront les nations ou les peuples.» [Genèse 49,10] [97] Et dans le Targum, c'est-à-dire la traduction qu'ont faite les juifs de l'Ecriture sainte dans la langue chaldéenne, on trouve: «*ad de-yétéh Messiḥa*», ce qui veut dire: «jusqu'à ce que le Messie vienne.» [98] Par ces paroles Dieu a annoncé le temps du Messie, non en affirmant le terme de son arrivée, puisqu'il ne dit pas qu'il viendrait à ce moment-là, quand le sceptre du jugement ou du pouvoir aurait été enlevé aux juifs, mais en niant ce sacrifice quand le Messie serait venu. [99] Il est certain aussi qu'ils n'ont pas renoncé au pouvoir de juger entre eux avant que ne soit venu Jésus de Nazareth, et quarante-deux ans après son ascension ils y renoncèrent. [100] De même longtemps après il a annoncé le temps de son Messie par Daniel, auquel l'ange a dit: «Soixante-dix semaines sont fixées sur ton peuple **[107a]** et sur ta ville sainte, pour faire cesser l'iniquité, pour sceller le péché, pour expier l'offense, pour faire venir la justice éternelle, pour sceller vision et prophétie et pour oindre le Saint des Saints,» [Daniel 9,24] ou selon une autre ponctuation le sanctuaire des sanctuaires. [101] Ensuite l'ange distingue soixante-dix semaines en deux périodes, puisqu'il en a assigné soixante-neuf à l'arrivée du Messie et à son sacrifice; il en a assigné ou en a rattaché une à ceux qui atteindraient la cité et les sanctuaires ou le Temple après son sacrifice. [102] De même Dieu a divisé les premières en deux parties, puisqu'il a d'abord annoncé la réparation de la cité, et après cela il dit que jusqu'au sacrifice du Christ il s'écoulerait soixante-deux semaines. [103] Ainsi a-t-il indiqué clairement que pour la réparation de la cité et du Temple au retour du peuple à Jérusalem, après que Cyrus lui aurait rendu la liberté, il s'écoulerait d'abord sept semaines. [104] Il dit en effet ainsi: «Depuis qu'est sortie la parole sur la reconstruction de Jérusalem, jusqu'au Christ primordial ou qui commande: sept semaines. Soixante-deux semaines: place et fossé seront rebâtis, mais dans la détresse des temps.» [Daniel 9,25] [105] Et quand il a annoncé cette réparation, il ajoute aussitôt: «Et après les soixante-deux semaines, le Christ sera tué ou retranché.» [Daniel 9,26] [106] Ensuite il dit: «Quant à la ville, et au sanctuaire, le peuple d'un chef qui viendra les détruira [...] et il rendra puissante une alliance avec beaucoup pendant une semaine.» [Daniel 9,26-27] [107] D'abord il a dit soixante-neuf, à l'instant une, et il y

en a ainsi soixante-dix. [108] Et l'ange a dit toutes ces choses successivement à Daniel ainsi. [109] Mais il est certain que dans les semaines complètes d'années qu'a annoncées l'ange à Daniel depuis le temps de la liberté rendue par Cyrus, il n'était pas roi en Judée, donc [il n'était pas roi] des juifs. [110] D'où il ne peut être dit que ce qu'a annoncé l'ange avait été accompli en quelque roi des juifs, ni qu'il apparut un certain juif qui effacerait les péchés et les iniquités, enseignerait la justice, et par lequel les choses annoncées par les prophètes seraient accomplies, et qui serait retranché, ou tué par le peuple, par un meurtre, sinon Jésus de Nazareth. [111] De même aucun juif n'apparut, auquel les nations adhéreraient, comme l'avait dit Jacob, sinon lui, et ainsi les juifs renoncèrent au jugement et au sacerdoce dans la Terre sainte, seulement après qu'il fut venu lui-même, et ils abandonnèrent <la vraie Loi?> après son meurtre. [112] Parce que, comme l'a dit l'ange à Daniel, le peuple romain vint avec Vespasien et dévasta la cité et dispersa le peuple.

[*La promesse de Dieu a été accomplie en Jésus*]

[113] Comme toutes ces choses que Dieu avait prédites au sujet du Messie, la promesse [faite] aux pères a été accomplie en Jésus de Nazareth, et Dieu ne leur avait jamais promis qu'un Messie en don de salut éternel et en achèvement ou en complément de justice éternelle pour l'accusation des péchés.

[114] C'est un fait reconnu que les juifs, qui ne reçoivent pas Jésus de Nazareth comme ce Messie, non seulement nient son Seigneur et le Saint du Seigneur, ou le Saint d'Israël, mais même ils blasphèment Dieu, puisqu'ils supposent ou soutiennent tacitement que Dieu a été menteur dans ce qu'il a annoncé par Jacob et par Daniel; et ce blasphème de Dieu et cette négation du vrai Christ est faite par eux sans aucune pudeur.

[115] Il est patent par cela que ce que Dieu a annoncé du Messie, la promesse faite aux pères, ils savent qu'elle a été **[107b]** accomplie en Jésus de Nazareth, puisque les nations avaient adhéré à lui, comme l'a dit Jacob et toutes les autres paroles qui ont été dites par lui-même et Daniel. [116] Et cependant ils n'ont pas honte de le nier, et, contre la promesse de Dieu, d'en attendre un autre que [Dieu] n'a jamais promis aux pères, si ce n'est un tel que Jacob et Daniel ont décrit. [117] Il les a repris avec pudeur au sujet de cette abominable affaire, quand il parla par Jérémie au peuple juif en ces termes: «Tu avais un front de prostituée et tu refusais d'avoir honte!» [Jérémie 3,3] [118] De cette autre manière il est ainsi manifesté que les juifs se donnent du mal pour mentir effrontément, afin qu'ils puissent effacer la vérité de Jésus-Christ de Nazareth, et qu'ils ne craignent pas de blasphémer le Seigneur. [119] Parce qu'ils disent que la divinité ne devait pas s'incarner dans le Messie annoncé de sorte que le Messie soit homme et Dieu, et cependant ils savent que Dieu a dit par David: «Mais à Sion est

né un homme qui l'a érigée, et c'est le Très-Haut.» [Psaumes 87,5] [120] Il est aussi certain que le Très-Haut qui l'a érigée ou qui l'a disposée, Sion, n'est personne d'autre que Dieu, et il ne pouvait par nature divine naître à Sion, puisque la nature divine [dépasse] tout, donc il le devait par la nature humaine. [121] De même il dit par Isaïe: «Car un enfant a été enfanté parmi les juifs [...] on proclame son nom: [...] héros divin!» [Isaïe 9,6] [122] De même il dit ailleurs: «Ainsi a dit le Seigneur Dieu [...], c'est seulement chez toi qu'est Dieu, et il n'en est pas d'autres, point de dieux! Assurément, c'est toi le Dieu qui se cache, Dieu d'Israël, sauveur!» [Isaïe 45,14-15] [123] Mais les juifs savent que dans ce chapitre Dieu ne parlait à personne si ce n'est Isaïe ou Cyrus, puisque de ce moment-là le chapitre commence par «Le Seigneur a dit à son Christ Cyrus,» [Isaïe 45,1] ou Messie primordial, dont on parlera par la suite, ou Israël ou Jérusalem ou le Temple. Ces paroles, «Assurément, c'est toi le Dieu qui se cache, Dieu d'Israël, sauveur!» on ne peut les dire d'Isaïe ni de Cyrus ni d'Israël ni de Jérusalem ni du Temple, puisqu'il dit nécessairement qu'il dit surtout cela du Messie primordial, parce que par Isaïe il dit au temps du Messie: «C'est pourquoi mon peuple connaîtra mon nom [...], car je suis celui qui dit,» [Isaïe 52,6] c'est-à-dire qu'avant les prophètes je suis. [124] Il est certain aussi que Dieu, pour ce qui est de sa puissance, était aussi présent au monde quand il disait cela à Isaïe, qu'après. [125] Donc, comme Dieu ne dit pas que quelque chose est nécessaire sans raison, comme il a dit que lui-même serait présent dans le futur, ainsi ce qu'il dirait de l'existence personnelle dans tel homme visible, le Messie, qu'il avait dit être vraiment Dieu et sauveur d'Israël. [126] Et par cela est manifesté leur très discrète fourberie, par laquelle ils haïssent le Christ, car il n'y a pas de païen dans le monde ni de sarrasin qui saurait ou percevrait ces paroles de Dieu, pour ne pas comprendre clairement que le Messie annoncé aurait la divinité et nulle déficience. [127] Et cependant les juifs, qui ont la loi et disent s'y appliquer, ne confessent pas, bien au contraire se donnent du mal pour pervertir la parole de Dieu, il est évident donc par ce qui a été dit et qui a été proposé ci-dessus, que les juifs, par haine de Jésus de Nazareth, commettent trois impiétés par la bouche: mentir contre Dieu et son Saint, nier **[108a]** le Seigneur et blasphémer le Saint d'Israël. [128] Et toutes ces choses sont celles que Dieu fit d'abord dénoncer par Isaïe, quand il dit: «J'ai fait grandir des fils, je les ai élevés, et ils m'ont été infidèles. Le bœuf connaît son possesseur et l'âne la crèche de son maître; Israël ne me connaît pas, mon peuple ne me comprend pas. Malheur à la nation qui pèche, au peuple chargé de fautes, à la race des malfaisants, aux fils corrompus! Ils ont abandonné le Seigneur, ils ont méprisé le Saint d'Israël, ils se sont détournés en arrière.» [Isaïe 1,2-4]

[*Ignorance de la cause de la captivité*]

[129] Par tout ce qui a été dit ci-dessus, il est évident à tous les hommes intelligents que ce qu'a dit maître Samuel pour lui et ses frères en général, c'est-à-dire qu'ils ignorent la raison pour laquelle Dieu les a placés dans une si grande captivité, est une fiction, puisque Dieu, vous l'avez entendu, a exprimé cette raison largement par les prophètes, dont ils ont les paroles et qu'ils disent étudier. [130] De ce fait ils ne peuvent alléguer l'ignorance de la nature, puisqu'elle est commune à tous les hommes. [131] Ainsi, que les païens et les sarrasins l'ignoreraient, et cependant ils ne l'ignorent pas, mais, pour parler de l'ignorance de la malice et de la malédiction, il est certain qu'elle règne en eux, et c'est évident par ce qui précède.

[132] Pour la seconde fois Dieu atteste expressément qu'ils ont l'ignorance de la malice, quand il dit par le psalmiste: «Les méchants sont dévoyés dès le sein maternel, dès le ventre de la mère s'égarent les diseurs de mensonges. Leur fureur est comme un venin de serpent, comme celui d'un aspic sourd.» [Psaumes 58,4-5] [133] Par ces paroles il les a dénoncés ouvertement, puisqu'ils ne veulent pas écouter le vrai Messie, médecin et guérisseur du poison spirituel. [134] Cette ignorance même de malice, il a voulu la leur exprimer en particulier quand il leur a révélé par Isaïe la cause de leur ruine et de leur captivité, en disant: «Qui a livré Jacob à la déprédation et Israël aux pillards? N'est-ce pas le Seigneur envers qui nous avions péché? On n'a pas voulu marcher dans ses voies et on n'a pas écouté sa loi. Alors il a déversé sur le peuple son ardente colère et la violence de la guerre: elle l'a embrasé de tous côtés, sans qu'il veuille rien reconnaître, elle l'a consumé, sans qu'il prenne rien à cœur.» [Isaïe 42,24-25] C'est-à-dire qu'il n'a pas voulu reconnaître ou comprendre. [135] A cause de cette cécité de malice ou de cette ignorance, il leur a infligé une cécité de malédiction, pour qu'ils voient l'Ecriture et ne connaissent pas la vérité, et entendent et ne comprennent pas. [136] Car il leur dit par Isaïe: «Aveugle le cœur de ce peuple, rends ses oreilles pesantes, clos ses yeux! de peur qu'il ne voie de ses yeux, qu'il n'entende de ses oreilles, que son cœur ne comprenne, qu'il ne revienne et que je le guérisse.» [Isaïe 6,10] [137] De même il leur dit ailleurs par Isaïe: «Le Seigneur a versé sur vous un esprit d'assoupissement; il a fermé vos yeux et il a couvert vos prophètes et vos chefs qui ont des visions. La révélation de tout sera pour vous comme les paroles d'un écrit scellé que l'on a donné à quelqu'un qui connaît l'écriture, en disant: «Lis ceci!»; mais il répond: «Je ne puis, car il est scellé.» Et l'écrit sera donné à quelqu'un qui ne connaît pas l'écriture, en disant: «Lis», mais il répond: «Je ne connais pas l'écriture.» [Isaïe 29,10-12]

[Frappés à cause de leur impiété]

[138] Par ces témoignages il est évident qu'ils ont été frappés par Dieu d'une cécité de malédiction dans leur ensemble, à cause de leur impiété, parce qu'ils ne peuvent comprendre les paroles de Dieu ni en connaissant l'écrit ni en l'ignorant, aussi longtemps qu'ils resteront dans l'impiété déjà citée. [139] Et c'est cela qu'il leur prophétisa auparavant par David, quand il dit: **[108b]** «Que leurs yeux s'obscurcissent, au point de ne plus voir, et fais ployer leurs reins sans cesse!» [Psaumes 69,24] Et comme il leur prédit que plus ils liraient l'Ecriture sainte en persévérant dans leur impiété, moins ils la comprendraient, ils se trouvaient ainsi comme un nœud coulant autour du cou, qui étrangle d'autant plus qu'il est serré. [140] C'est pourquoi il dit: «Que leur table devant eux devienne un lacet et leurs mets sacrés un piège!» [Psaumes 69,23]

[Le roi Louis fait brûler tous les talmuds]

[141] D'où tout ce que depuis le temps passé leurs docteurs ont écrit dans leurs talmuds pour l'explication de la Bible vérifie la prophétie que tout est à rejeter, car il n'y est rien transmis qui ne s'écarte de la vérité ou soit fort diminué et plein d'ambiguïtés. [142] Et cela fut la cause pour laquelle saint Louis, roi de France, fit brûler tous les talmuds qu'il put trouver dans tout son royaume, après qu'il sut que beaucoup d'abominables blasphèmes au sujet du Christ y étaient contenus. [143] L'impiété de la haine qui a été décrite est si grande que non seulement elle leur enlève le fruit de l'Ecriture sainte, mais même le fruit des enseignements qu'ils ont écrits.

ANNEXE V

Le manuscrit du récit hébraïque de la deuxième controverse de Paris. Reproduction de l'original.

Source: Moscou, Bibliothèque de Russie, ms. Günzburg 1390, fol. 102a-111b. Un microfilm de ce manuscrit se trouve maintenant à la Bibliothèque nationale et universitaire de Jérusalem, Institut des manuscrits hébreux microfilmés, n° 48942; M. B. Richler m'en a gentiment envoyé une copie.

102a

אלו

תשובות המין אשר קם עלינו בשנת לב' לפרט ובא
מאספהאן לגלות שאריות ישר' והיה שמו טול החוצב
לפי שקראו חכמ' סופרים שהיו סופרים האותיות
להשיב האפיקורוסים ובכל מקום שמקרו תשובתם
בגדם ולפי שקראו המינים בוטרים שסופרים על
מה שכתו' תחלת דברי קל הכופר אשר
בא מאספ' פעמים לגלות שאריות עם
קדש אשר בבל החריטות המלך נרשה ביקש להשמי'
ולאבד טף ונשים ומקטסודו של מין הראשון אשר
היה בימי הר' יחיאל לקח ובכהו היה לפשן וגם הרשע.
והחוטא יותר ויותר בעוד יום מותו לא שקט ולא שקט
ולא שאנן משתעו' ג'ק' בשנת לו' לפרט אף זה בא
המין טול ונגלה אחרי כל הרבנים ובה
אמ' בדבריו איהם לפני המלך מפריש ורבני לחור
שהיו לאם' שמעו זאת בית יעקב וכל משפחות
בית ישרא' דעו אם לא תשמעו לשוב
איכם להביא ומעביכם בעבור השונות שנחורים
שאראה לכם לא אניח שר אריאל ונקמת מכם ודמכם
לנשותיכם אדרוש כי אני רוצה להוכיח לכם שאתם
בלא אמונה עם שקורין בנראש וראוין לטרף ואודיעכ'
הקושיות הם וכל אחת מהם ואחת יש למשפט עליכם
דין מות ועשה התשובה ושלחו אחרי כל גדוליכם
והשיבו בלא דיחוי כי כן שוט מאת המלך להביאכם
עד קץ עת התשובות הראשונה היא על שאתם
אומ' שכל הנביא' שמשיח לא בא
על פי ספריכם אוכיחכם שהוא בא כבר ועבר
הב' שאותו משיח שאמ' הנביא' אוכיח לכם שנולד
בלא אב משרה בתולה ואיש לא ידעה' הג' אודיעכם

102b

שאותו משיח הוא היה אומ' ולקח בשר כאותה שאמר'
הק' שאותו משיח שדברו עליו הנביאי' בעתו שעברו
עליו או היה עתיד לסבול מיתה שקורין פשיאון ..
להוציא עמו מגיהנם .. הק' שאותו משיח שהיה אומ'
מים ובטל כל תורת משה וכל המחזיק בה .. ועתה
חשבו של אלהים קושיות כי שבכל אחת ואחת יש לי
ראיות ברורות כי כל מצותכם בטלות רק כי אם
מעט שטליות כגון שאוף ורציחה גנבה וגזל וכיוצא
בהן .. ויתן להם השר אשר על בית המלך לשלוח
אל כל הרבנים ולבא ליום עשר להתוכח עמו
מטעם המלך ושריו והרבנים יצאו רחוקים בדבר
המלך .. ויהי מקצה ימים ויבאו בבית מקצת
רבני ערפת ויערכו נגדו ויעלו מערכת
איש טוליטולה ושמו הר' אברהם בן הר' שמואל
לדבר אין בתחלה ולהתחיל כריב נפשות .. ויאמר
הר' אברהם שמעני שר כלות דבר ויאמ' לו דבר.
ויאמר הנה כי רז"ל עבלם מאד איך השיאכם
לבכם לדבר על תורתנו והלא היא קדומה יותר
מב' מאות שנה ולא הרהר עליה אדם כלל כי
מין אחד אשר היה בימי הר' יחיאל ספר עבר כמו ל'
שנה ונשתפט וקבץ כל הקנאות והולדותיו וכו'
סריחות ובקש להשמיד כל שאריתנו ובאחרית
דבריו התבוננתם על פי דברי הרב שלא היו
בדברי המין ממש והוסף אחור ויחות ולא עשה עוד
והיה לכם לישא משל קדמוני ולחרף זה המין אשר
אין תועלת בדבריו וקטנו של הקן הראשון עבה
ממתני זה ולא היה נחשב לכנו בקליפת השום כי כל
ימיו לא ידע דבר לאמתו .. ועתה לא הרשו להביאו
ריבנו בעיניכם וחדש לכם מן הדע .. ויען המשנה

103a

א תשיש יתישון לשעה הדברים עקר אך השיבהו ש״ר
כי רב האלהות הגיד מפורש וזה יוצאו דבריהם שנידה
גם שמעת וידעת שרב חכמי התורה בצרפת ובקנפניא
והנה באותה בשנת המלך ויקרא המין קול בקול רם
ויאמר אתם בני עם השיבות אם אתם מודים שהמשיח
בא אם לאו ויען החכם ויאמר ידענו בודאי לא בא
ויען המין ויאמר והלא בימי האמוראים שלמו כאשר
מפרש בגמ׳ וגם בימי ר׳ עקיבא עשו כהוגן דבר בן
כוזבא והיה סבורין שהוא היה משיח ואם הוא היה
רחוק לבא כל כך איך יעשו בביאתו והרי מן התלמוד
הוכחה שכבר נשרף אותו חכם מן המקרא שהוא בא
שהרי כתו׳ גדול יהיה כבוד הבית הזה האחרון מן הראשון
ובמה היה כבודו רב אם לא בביאת המשיח וה
היינו מעשו עבדים תחת יונים תחת רומי רב ימי ע
הבית ועוד שקראו הבית אחרון ולא קראו שני יהוד׳
כי לא יהיה לכם עוד בית ויען המשכיל עכ׳
ראשון ראשון שלשה אמרות - שאחרון הקנים
ודאי חדש מהם כל אחד עשה קץ לגרוש ולקבוץ
שמו ש׳ אשרי המחכה וגו׳ והמשכיל יבין ואמר
יבוא על מחשבי קצים נסומכים על מה שגדול הפר׳
עשרים על מחשבי קצים שהיה הדבר סתום וחתום
כמו שנ׳ דניאל כי סתומים הדבר וחתומים ואם טען
כבן כוזבא והיה לסו׳ שנשלם בו מחשבונם שטעו
איך הואי לא האמינו בחשבון לכל בודאי זה הזמן היה
כי עולם הוא וכל הדורות ... ועתה קבאתי מן גדול
יהיה כבוד הבריות פתר פרשוהו רבותי חד אמר
בבנין שאלה שאול ראה בבנין הורדוס לא ראה
בנין יפה מעולם במאי בשיש ... שישא ומרמרא
וכו׳ וחד אמר בשנים שהראשון היה במנין קי״ט והשני

103b

כענין שמע' ואם שאתעבדו ישר' בה מ"מ לא אמר
הכתו' כלל מן כבוד ישר' רק מן כבוד השם. ונב'
שקראו אחרון מפני שלא שב אחריו שלישי. קרוי אחרון
דפי' ואל הדור האחרון ופי' בזה בנבואה אשר יקומו
מאחריכם ונפ' לפי שעתך ודאי אחרונה היא שלהיות
בעיה בני אדם כי הקב"ה יעשה עד עולם והיא
שאויה למעלה כענ' שלמטה. ויש מן המין אות' כי
ויש להשיב על כל דברין ועליך שלא ידברו כלל
על חירוף האמונה. ויש"א שבפי' הנה העלמה
הרה וכן קר בני אשר קרו המינים. ויש המשכיל
דעת' ישעיה הנביא לא דבר שהיה עתיד להיות
אחריכן ת' שנה או יותר. שהרי לפי שלא היה אחז
מאמין כי שלא אות להבין ולהאמין דבריו. ומה היה
האות אם לא היה בימיו בקרוב ונפ' כתו' גם שלבן ירדו
לכם אות ואם לא היה להם האות לראותו שאם לא
היה קרוב להם האות לאורך כזה הזמן שאותה
אות' על ישו אם לא היה לו להראות המופת כמו שנ' בנביא
שבא מבית אל שבא הנה בן נולד לבית דוד ושרף
ונתן להם מיד כאשר אמר זה המופת או ואומינו העתיד
ואל להם הנה המזבח נקרע ונשפך הדשן אשר
עליו אף כאן אם הוא כדבריכם. היה לו לשאורים
כן ומה שכתו' עלמה אומרים שלמה בתולה
כמו דרך גבר בעלמה. ויענו החוכל וישאוב
והלא כתו' והיה העלמה היוצאת לשאוב
ובתולה היתה. ויש להשיב שבל דברין ודאי כתיב
בתולה ואיש לא ידעה בא זה ולמד על זה. ויען
המין והלא אין צריך לכם בתולה כדרכה. ואיש
לא ידעה שלא כדרכה. ויש להשיב ואיש לא ידעה ידענו
תרויהו ומעלה מאורים לעולם שלמה. ונשוב מקרא

104a

יוצא מידי פשוטו · וגם מקרא אחד יוצא לכמה טעמים
ועוד יש לו הרבה טעמי' לגלות שלא על ידו דבר
הכתוב · ויען הזקן ויאמר הנה אוכיח לכם על פי
התלמוד שלא פסק מכם חזון ונבואה עד שיהיו
יוצא ידי ח'ו' מה שאמ' דניאל שבועים שבעים נחתך
על עמך ועל עיר קדשך לכלות פשע ולהתם חטאת
להביא צדק עולמי' עליונו שנתנבא שיהיה בסוף הבית
וראה והבן שהרי ר' עקיבא שהיה אחד החכמים בן
הדרבנן ושאל לו על צרת הבית אם אסורה או מותרת
ואמ' להם מגידים על שמים וארץ שעל מדותיה
זו ישב חכם הנביא · ויען המשכיל ויאמר זו הוכחה
איתה שהרי ר' [illegible] דוסא האריך ימים כשיעו'
כדאיתהם שקמו ששו מטבו והיו כנו מגבירין
לו שתשפי פנו לראות והגיד על מה שראו הם
בשבוש ק' שנה או יותר קודם לכן או שמע מרבותיו
ורבותיהם מרבותיהם והגיד עליהם · ויקרא
המשכיל ויאמר בקול גדול עם קטל מה
לכם להיות בורים מעשכם שהאריך ימים כל כך
יכול להיות שהיה בחור וקטנה שלו וקנה ובר'
עינו · ויען המשכיל ודאי כנים דבריך שר' דוסא
האריך ימים הרבה שהרי נבואה פסק
מתחלת הבית שהרי ראה זכריה שנתנבא בתחלת
הבית ונמצא בכל מקום נבואתו לדעת זמן שובו
שעוד לא שהה נבואה וראה והבן דבתי' שנים
שנים לדריוש וכל דבריו כתובים בכל בחדש
ובא' א' יום ועתה האריך ימים שלא נבואה עד
שראהו ר' דוסא ור' דוסא ראה את ר' עקיבא אלו
האריך וכן גלוי אל בפרקי אבות וזקנים לנביאים
שהיו אחריהם ונביאים מסרוה לאנשי כנסת

104b

הגדולה שבימיהם פסקה נבואה ושמעון בן שטח
היה מאחרי כנסת הגדולה כמו שנ׳ המו״ר א״כ היה
קודם ישו כמה וכמה שנים. אך בדברי הער׳ טוסט
נליקיס והיה כמשתעבדין זמן המות כי לאמר
היו כל חכמי ישראל וכל שאריות שבקדש אומרים
ונשים וטף שכן שם לגן המלך בבבל שם אשר ירצה
על המין להתווכח עמהם הקהלו ובאו כולכם גדולים
וקטנים אולי יש בכם שידע אשר יבין תשובות ת״ו
ראיותינו ויתן לכם לפתות לו תורתינו ואקח מכם אחר
מעשר ושבט ממשפחה ככל זה חשב המין עליון
הרעה להקהל עליו עם כל אשר לא שמעו ונחתכים
ויתקללו עליו על פי המותו והתחבולותו ויהרגם והשאר
שלח מאותן לשאתם בתים והפיל מידם. ורבי
כי היין בכל פנים ונפש בחצר המלך או בקצר החוכמ
יותר מאלף מעולות שקלים ומאתים ושבח לוצרים
לא עבה אחד ממנו אשר וחוק לו רבים. ויהי כי
החל היום לעבר משוה לגן מלך ולשוב לבוא
עוד ולשלח אל חכמי דורנו הוחס המלך ומחזק יד
לבא כי פל היה רוצה להתווכח על פי הכמגור יותר
ויותר מאה אף פעמי׳ ועד עתה לא בא אל לשורר
אותם. ויהי באותיות החכמים כולם עוסקו אולם
ולבקשם עליו כמי זות לא שכבו אליו ונשמו לא
שכחו ואמרו כי מלך הורגנו כבהיום ואוי נא לנו
כי חטאנו. ויקרא המין על ימ׳ רוא׳ בדניאל
כתוב שבועים שבעים נחתך על עמך
ועל עיר קדשך לכלא הפשע ולחתם חטאת (חזון)
ונביא ולמשוח קדש קדשים ועתה ספרו לכם
שבועים שמלאות בכל חרבן ראשון ותב׳ מבני
שני ואז נסתם חזון ונביא. ונרשם מה שכתוב לעשות

105a

להשיב לבנות ירושלים עד משיח נגיד שבועים
שבעה או מ״ט שנה שבא עזרא קודם חרבן בית
שני ושבוע אחד עוד שבתו בו והגביר ברית לרבים
שבוע אחד הרי לך השבועים שבעה וזהו שכתוב
אחרי כן ואחרי השבועים ס״ב יכרת המשיח ואין לו
פי׳ ראשו של משיח יכרת שלא יקרא עוד משיח
רק ישו בעל ירון ויען המשכיל ויאמר שר מרים
אלה מעשה את הכתובים ומגשן מה
שאותו אינו שכינוי ישו שנכנו רשע לאותם ואין
ונביא זה הוא והבל שאותה אינו שקולי נביאים
אחרונים חגי וזכריה פסקה נבואתם והם היו
בתחלת הבית ולא האריכה נבואתם מאור נביאים
כאשר הוכחתך למעלה ועוד לדבריך הבן דכתיב
והבין ותשכיל מן מוצא דבר המבין יבין מתחלת
הנבואה ונותן ולדבריך הוא מונה להפך ומונה
הענין של הסדר כמו להשיב לבנות ירושלים
עד משיח נגיד שזהו חרבן השבועים שבעה ואחר
השבועים ס״ב תשוב ונבנתה רחוב ואם כדבריך
היה לו לכתוב ואחרי השבועים ס״ב תשוב ונבנתה
שזהו הבנין ואחר השבועים שבעה שהוא באורך
הענין ודרכו הוא כמו להפך מתחלה עד
משיח נגיד שבועים ז׳ ואח״כ ושבועים ס״ב ועוד
שבשבוע שיהיה משלים ע׳ שבועים לא הגביר
ברית לרבים שבוע זה ואין יכול להיות שאותה
שבוע היה בימי אספסיינוס קיסר ואחר למנין יש״ו מאד
ויצא לדבריכם היאך תמצאו קדש קדשים ויען
המשכיל הוא המזבח שנקרא קדש קדשים שנא׳ שם
ונקרא קדש קדשים בבית שני דכתיב והיה המזבח
קדש קדשים ושמו הכהן הגדול שנמשח ונקרא

105b

קדש קדשים דכתי׳ ויבדל אהרן להקדישו קדש קדשים
אך לדבריך ושאל היכן אותה מצא שישו נמשח ויש׳ א
המין יש׳ היאך תמצא שסדר השבועים ס״ב יכרת משיח
ואין לו ויען המשכיל זהו כריתות הכהנים הגדולים
שעברו בחורבן בית שני כמו טיטוס שביטל התמיד
שנ׳ ומעת הוסר התמיד ליתת שקוץ משומם והכהן
נקרא משיח שנ׳ והכהן המשיח ואם תדבר
שדבר על הקץ אז היה הדבר שיותר מב׳ דמן אחר׳
של דנאל עד מתי קץ הפלאות ויש׳ המין יש׳
ויאמר הודיעני אם עדיין אותה כשערך
שמשיח לא בא ויאמר המשכיל יעידון מולים
ועולים כי בודאי לא בא והנבואה שהיה והקץ
עתיד להיות וזה פי׳ של כל הפרשה שבועים
שבעה נחתך על עמך ועל עיר קדשך פי׳ מפורש
ומבשין וזהו לשון נחתך כבר קודם שהראהו
והגלות שהיה תחלת המעשה היה להם פשע
ולכלות חטא אשר עשו בבנין הבית הראשון והנה
שעברו מאותו חטא בגלות שנ׳ של בבל ולכפר
אותו פשע וחטאת שבא הנביא שיביא חגי׳ בנין
הבית שהוא צדק עולמי׳ פי׳ מצדיקות כל העולם
ובהרבה מקומות מצינו שנקרא עולמים ומן אדוך
כמו מעולמי קבנין כמו שנ׳ בדוד והכינותי כסא
מלכותו עד עולם וזה מלכות שלמה ונא׳ ביתך
ראשון נקרא בית עולמים חזון ונביא פי׳ כי בתחלת
בית שני נחתם חזון ונביא לאחר חגי זכריה ומלאכי
שפסקה נבואה כך פי׳ ולמשוח קדש קדשים
וזהו משיחת כהני׳ גדולי׳ או המזבח או כמו בכלא
משיחות כל שיהיו לשון גדולה
שהיה להם בבית שני והוא כמו למשחה בה ס׳

6 ותדע שזהו ותבין ותשכל מן מוצא דבר להשיב ולבנות
ירושלם עד משיח נגיד שבעים שבעה פי׳ לבין מתחלת
דבר שזהו החרבן והמוצא להשיב ולבנות ירושלם
למלכות כורש שהוא הראשון שנקרא משיח ומלך על כן
אמר ה׳ למשיחו לכורש וגם נגיד נקרא על האומר
לכורש רועי וכל חפצי ישלם והוא ימי פקידה ראשונה
שהיה לסוף שבועי שמטה ושבועים פב׳ תשוב ונבנתה
רחוב וחרוץ זהו מתחלת הבנין בימי כורש הראשון
שמאותו היום התחילו לחזק חשיות החכמה אך ש״ר
יהודה ונבטלו בגלוה ואם הוסר שבט אחת וזר
והגביר ברית לרבים שבוע אחד זה טיטוס שבא עמו
ב... לתלהשחם שבוע אחד והסר את בריתו בחצי השבוע
כרתות בסוף הספר בחצי ימין ישבית זבח ומנחה
ואולי מרשיעי ברית יחניף בחלקלקות ועם יודעי
אלהיו יחזיקו ועשו ... זה הפי׳ דבר המשכיל החכם
ר׳ אברהם בר׳ ... שמואל מדרוס
וישא הכופר בתורה כתו׳ בו עד פתאום
יבא אל היכלו האדון אשר אתם מבקשים
ומלאך הברית אשר אתם חפצים ופי׳ פתאום ז...
מהרה על דרך מלאכי זה שנה על ישון באות שהיה
בביתו שמים על באות משיחכם נבא מה ופתאום
והלא האריך ועדיין לא בא׳ ויען המשכיל א...
על מה לך להשיב כושים ודבריך לא טובים
כי דבר שהשעוקות ... כי פתאום אינו כמו
מהרה כי אם בפתע וכאותו כמו ויאמר ה׳ פתאום
אל משה ואל אהרן פי׳ שלא הביטו ולא שמו לבם ...
דבר עד שבא לא דירה פי׳ כשתי אש מן ...
יבא משיח כי לפי מדרך קשה לך היאך שבבין
מלוכו על ... ועל ... ברית ...
חדשה.

106b

אחרש ישו : והלא בסוף דבריו אל זכרו תורת משה
עבדי אשר ציויתי אותו בחורב על׳ ואם היתה מעקרת
למה הזהירם עליה בסוף כל דבריו ועשרים ואחד
ועשרה לא׳ מצות יהודה ואחר באות ישו לא מצינו
אעבירה מצות יהודה ויען המין ויאמר עד מתי
אתה מטעה העולם וקורא כמו שהיה [illegible]
יודע ואיך יודע מה שאתה מנתו מפיך כי אותה
שם האריך נמור כי המקרא ועבדה איירי בוס הדין
על ומי יכלכל את יום בואו ומי העומד בהראותו [illegible]
ויען המשכיל לחרף אותו בדברים [illegible]
אף מן המקרא איך יודע כלל כאשר הוכחתך
בלשון פתאום ויען המין נס על אותו פתאום יהודה
מהרה שהרי היו ישראל עושקים מים [illegible] לשתות
ויאמר המשכיל אכ״ שהפי׳ מפתאום הוא מהרה
מהו ויבא יהושע וכל העם פתאום על מי מרום
פתאום ויפלו בהם וכי מה לי אם מהרו אם לאו מאח
שלא הבינו אותם אך כל פתאום הוא עם יאוש שלא
נשמרו מהם וכן וכי ימות מת עליו בפתע פתאום
ועוד לדבריך אלה קורא אותו למלאכי ישו [illegible]
דבתי האדון אשר אתם מבקשים ולמלאכים מלאך
על ומלאך הברית ולמלאכי עבדי על כנה [illegible]
עבדי ולא מצינו איך עומד על סוף דעתך
אין אל המין בכל יום הם עושים שתי וערב בראשו
פעמים ושלש [illegible] ראשו ותראוהו
ויעוהו לעשות ראשו ויומרו לו מה העיון הזה
ויאמר המשכיל דעו לכם כי זה סימן משוך מכל
כמו איש בער האומה כי לא ידע כלל מן קריאה
רק התבונות ליקח מהרי רבנו פי׳ דברי בעלי התלמוד
ואל [illegible] צריך [illegible] אל לבין [illegible] שהוא [illegible]

107a

מושל מעלה ומטה ובארבע רוחות ואף לדבריו יש גרוש
כשות [?] שדים אע מעשים והספר לקח
רוחות כדרכו ולחד הקב״ה באחד לכדו להראות שאין
אלא אחד בין רוחות הנזכרים לשנים.. ואח״כ מתנבא
על ישראל יען כי נגרש מאספמיה [illegible] ודי לאשר
נדוהו רבותינו שלשים על פי העביר דתו ושיקר שכן
ומאותו יום נמס להשמיד ולעקור דבריו והיות
לא יעלה כי נצח ישראל לא ישקר כמ״ש שמור את
בריתו את אברהם את יצחק ואת יעקב. וכל העונ
בהם כעונש כבבת עינו. כתו׳ בתורתינו וגם כתוב
באמונתנו שלכם״ ויען המין הנה על פניכם
אותיכם עלם התלמוד שלכם
שמשיח בא כראיה באיכה רבתי על חד דאמר
אסור תורך אסור קטנך דחרב מקדשא בתר
הם אל׳ שרי תורך שרי קטנך את״ליד משיחא
אמ׳ לדבריכם משיח בא. ויען המשכיל האוינ
דברי הלצה שבא להוכיח שמשיח נולד
ביום חרבן בית ראשון ויש משיחו נולד בסוף
בית שני ואם כן המשיח כבר היה זמן מישו קרוב
לאלף שנה. והמין הזה רוצה לעשות הכל אחד כי
על דרכו צריך לומר שמשיח נולד בחורבן בית
ראשון ולא היה נולד בחרבן בית שני קשה לדבריו
דישו היה נולד קודם החרבן לו׳ שנה ונמצא איקר
ניאון שלכם שקר. גם התלמוד אל׳ לכם אדר
ונתן מה לנו ונבהמי הלצה. ואותה את כל יחולין
הוא לך להבין התלמוד להוכיחנו במדרש״ אגדה
ואנו שלא יועילו לך. ויאמר המין על צריך אתה
לומר שמשיח בא בזמן בראיות בה״ג״ ר׳ יהושע
בן לוי אשכחיה לאליהו אמר ליה אימת אתי משיחא אל׳ זיל

107b

אפתחא דרומי בין סבלי חולאים. אפ׳ בא ברומי ונעבר
מארץ כמו שאמ׳ אליהו ונולד זה ישו הנוצרי שהוא
מושל יהודה ברומי׳ ויען המשכיל זה האיש שכל
בא להוכיחו מכח
ההגדה שאין בה לא תורה
ולא יראה ולא נשאת בהרבה מקומות לא להמשיך
לכהנים לפי פשט המקראות כמו שעשה יד׳ ומדי׳
רבנית שאלכם כי בשוט ההגדה שחלקו בו חכמי ישר׳
י״א שמשיח נולד וי״א לא נולד עדיין ולא בא. ואף לדברי
האומ׳ נולד הנה הוא בגן עדן לא ימי משם ובגן עדן
דברי ר׳ יהושע לאליהו כשאמ׳ לו על מלך המשיח
כדאשכחן בתלמוד שר׳ יהושע נכנס חי בגן עדן
והא דאמ׳ ר׳ יהושע אפתחא אמרת אל׳ בא מארץ
לא כן הוא. לא הכי פי׳ דיתיב בגן עדן ונסובל
חולאים כמו אשמות ולבעירות של ישר׳ שפשעו ונעבר׳
הכתו רומי למצוא להם פתח להוציאם מן השעבוד
ועוד מה לך כל להוכיח לנו של פיה התלמוד ולומר
שמשיח הוא ישו והלא כל סודרי התלמוד שחלקו
ודברו על משיח היו לאחר ישו ולא שמעו לקולו
ולא האמינו לו׳׳ וישאל המין כל יש׳ הנה כתוב
לכם בבראשי׳
רבה אפ׳ פלני משיח שנו׳
שנו׳ נא׳ וארו עם ענני שמיא כבר אנש אתה ומציע
בו לאחר יד׳ דורות מזרובבל נולד ענני דכתיב
לשם וגמ׳ וענני הודויהו בר שאל וענני שכנה
ומענני ואילך אין מתיחס כלל אפ׳ משיח שהוא
ענני נולד בבית שני והוא ישו׳׳ ויאמר המשכיל
ענני היה דור שביעי לזרובבל ואיך יתכן לומר
שזו דורות האריכו עד סוף בית שני עד ישו: וגו׳
ויקרא כל יש׳ החשבון יכול ויכול להיות שהאריכו
ימים׳׳ ויען המשכיל שאין אח כל הדבר

108a

הדברים האלה לפני עם נוצרים היו מביטים דבריך
היו סוקלים אותך באבנים אחרי אין יכול להיות
שעשה [illegible] והלא היה לעשות אלפי ואם וזקן ועשה
אחים כדמפרש הדבר ונבהלו אלפי אדום על המין
ויאמר הכומר שמעתם כי על זה אומר לבם כי אותם
הן הנמצא עם שני אנשים אחים ממש רק דמיון
ומשל להודיע למבני מרע ועל איזה אותו שני
משיח שקר דבם ונר לשלם ושיהיו הכל כמפתים
לו כמו ז׳ גבורות הפעולות ליתר מעריבי שהיה אומר
ובן עבין ישנה של אבן אחת שבעה עינים ועל
אינו ר״ל עינים ממש גם תרגמו מפרשו על משיח
וכן עבד דניאל דמטורא אתגזרת אבן דילא בידין
ואלה נס נבאו הנביאים שאותה אבן שהיה לו ז׳ עינים
לא שבעה הבריות פי׳ שבעה נרות שבמנורה
וכן איתא בסוף הנבואה ראיתי מנורת זהב כולה
וגם מפרש שם ומשום אות עין האחרין היא בינה
אחד והוא [illegible] לבית משיח ישו שהכל [illegible]
מקול עין כל היום שהרגו אותו״ ויען החובל
שלא להשיב על זה ובה אל בלשון לענין קול
רם כך ובך דרש אחינו על כי ירא מדרשן לב דרוש
העם אשר שמעו הויכוח״ ויען המשכיל
וידבר תשובה נצחת [illegible] לנו על כל דברי
פלאין עשה לו שמעון כי אותה הדרשה שבאה
ובריה אונקלוס תרגמה על משיח ורבותינו חולקים
עליו ודורשין אותו בהגדה על בנין בית שני גם לפי
כי אונקלוס שם על משיח אינו נזכר לעם שני
כלל ואף אם יהיו כל דברי כל כנים והיה כתוב שני
כי תם בתורתו מה לך הלא נגלו לכל מבין דעת
ואף התינוקות יודעים שדברי הילים כשאיחם

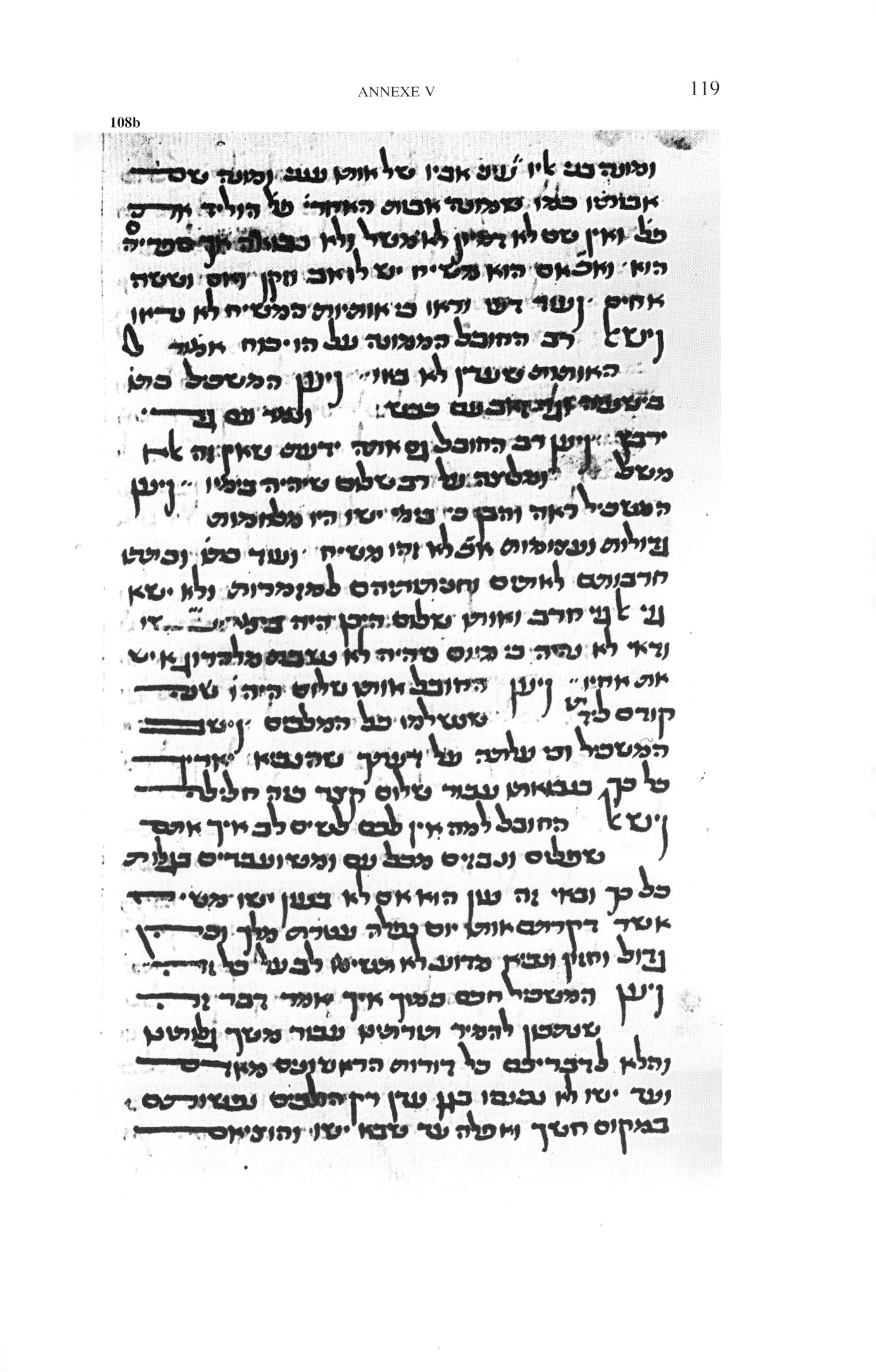

108b

109a

צדקנו על שם הצדקה שיעשה : והכתוב הפך לשון
והיה [illegible] היאך מצינו שהקב"ה נקרא בשם עדין
ולא בשם אחר ויאמר המינאו התשובה אחרת או נאמ׳
אתם: ויתן המשכיל דעתך כי יש להקב"ה ע׳ שמות
ושם של ד׳ אותיות ואחד מהם ויכול להיות
שאותן נ׳ נקראים באחת משמותיו כן דרכו של הקב"ה
כשנותן ממשלה וכח לאחד קורא בשמו או מלכ
שם בשמו · והנה כן מצינו על הנה אנכי שולח
מלאכי בדרך וגו׳ השמר מפניו אל תמר בו כי לא ישא
לפשעכם כי שמי בקרבו · וכן מצינו בשלמה דכתיב
ויקרא שמו ידידיה בשם הקב"ה לפות כחו ולפי כו
וכן מוכיח בהוטה. הגדה דכתי׳ ושם העיר מיום
∴ שמה אל תקרי שמה אלא שמה וכי תעלה על הדעת
שהיא נקראת הקב"ה אלא נקראה בשמו לפי כחו·
וכן נמי במשיח · יפה על בריחך לא על ישו נאמר
רבותי ביה והקמותי לדוד צמח צדיק ומלך מלך והשכי׳
ועשה משפט וצדקה בארץ בימיו תושע יהודה·
וישרא׳ ישכן לבטח · ואם כדבריכם היכן מלך
ישו על יהודה והיכן נושע משעבוד ושכנו לבטח
בימיו כל ימי ישו והכל היו משועבדים כל ישראל
ועוד לא נעשה נס בימיו לא שכנה ירושלם לבטח
ויקרא הכופר המין ויאמר את חטאי אני מזכיר
היום כשהייתי יהודי נבהלתי ונשארתי
בינו ובין עצמי מן השלוש ואיך יתכן שג׳ פרצופא
יהיו לאחדים עד אשר מקדמותם הקבועה אשר
כתוב הדבר על וירא אליו ∴ באלוני ממרא וגו׳ ודרש
בבראשית רבה מנין שאברהם יושב על והוא יושב
ומנין שהקב"ה עומד על והנה שלשה אנשים נצבים
עליו· אלו אותן ג׳ אנשים הם השם והוא א׳ ולמענים

109b

נפרשוש״ ויען המשכיל שאוחז היא נעדר
לך לקלקל התורה שאותה נתנ׳ הדרשן
ודורש הכתוב לפניהם ולא לאחריהם כמו שעשה
באותן האנשים לא היה שכינה אלא מלאכים מבוא
היו כדפי׳ רש״י וכן כתו׳ לאחר כך בריא ויבאו שני
המלאכי׳ לפי שהשלשי׳ עשה שליחותו חזר ומה
שמוכיח שהקב״ה עומד ולא ממה שכת׳ בספר
הדרשה אך הדרשה באה לסוף הפסוק דכתיב
וישתחו ארצה והכי פי׳ הפרש״י וירא אלין ה׳ כי הקב״ה
כי נגלה לאברהם לבקרו שהיה חולה מן המילה
והוא אברהם היה יושב וירא והנה שלשה אנשים
כי ראה המלאכים עומדים מרחוק וירא וירץ
לקראתם להכניס האורחים כדאמ׳ גדול הכנסת
האורחים מהקבלת פני השכינה וכשאומר שהע׳ רץ
שכינה במקומו עומד חוץ לישתחו ארצה לשוכל
ממנו רשות כאדם שנוטל רשות מרבו הרי מוכיח
שהדרשה מכח המקרא היא באה והכי פי׳ מבין
שהקב״ה עומד היה באותו מקום ומחכה אברהם
שישובו לו שכ׳ והנה ה׳ וישתחו ארצה ודרש הפסוק
עקו׳ ולכך כתו׳ הדורש שאלו כדבריך היה כן
לכתוב וירא והנה שלשה אנשים ולא ה׳ ויאמר
המין כתו׳ לכם במדרש שיר השירים אשכל
הכופר דודי לי אשכל כי שהכל שלו והכל בו
מקרא ומשנה תלמוד הלכות והגדות דודי לי זה
הקב״ה שנ׳ זה דודי וזה רעי אם משום שהשם היה
איש ידע הכ׳ בנבואת בני איש ויאמר תנו לי
הספר ויקח הספר ויתבונן בו והנה הוא בסוף עמוד
וכתו׳ אשכל הכופר איש שהכל בו מקרא ומשנה
תלמוד הלכות והגדות הכופר שספר באותו השעה

110a

110b

תורה חדשה היה לו לפי' תורת אין בקרבכם אף
הברית לא היה כי אם מחוזק היראה שנתחדשה
בלבם לעשיר כדמוכח בסמוך ש' ולא ילמדו עוד
איש את רעהו ואיש את אחיו לאמר דעו את יי' כי
כלם ידעו אותי למקטנם ועד גדולם א"כ על אמונת
היראה נאמ' שלא שהוא מדבר על ישו משיחם חד בן
היתה אותה יראה והלא יש עוד הרבה ארשעים ואול
בעריש ובכרמו ובכל מקום הלומדים ליראה את הש'
איש את רעהו ויען הכומר פי' עתה כלם יודעים
השם בלא למוד. ויען המשכיל אין זה ברית חדשה
ואין זו נבואה עתידה כי אף בימי הנביאים שהיו
עוברים ש' היו יודעין את הבורא ית' ש' במשנה
ובכל מקום מוקטר ומוגש לשמי זבח ומנחה טהורה
א"כ לא על חדוש הנוצרי נאמ' ואף לדבריכם שאמ'
הרבה מצות בתורה שלא שחדשו כהגון
מצות שליות ואל"כ אין זאת ברית חדשה. ועוד כי
ישו לא בטל מצות הראשונות אשר נתנו שאם
אתם אומ' שעשו לכה אתם מפרשים את
מצות תורת משה למשל ולמליצה כמו שפירשו
רבותיהם של נביאים שקראום רבינו רבנו איטיץ
פעם אחת נוסעו לקהילות פרים מחוץ אשטיאה
אל ביום היא קופין ונהי לנס כל ישראל אנשים
ונשים וטף ונס לנס וקבצו כל עירלי פריש ובכל
גליות פרים יותר ויותר מכ' אף איש לאין מספר
כי המין חשב עליו לכבודם בפעם אחת ולהבירם
בהם שיני אריות ודעתו לדבר על דקירות יש און
והרגינו ויפתח המין פיו וישאל להם ויאמר
שמעו עמים כולכם המצות והתורה אשר עשו
היהודים הללו למשיחכם ישו אומר על לא חמס

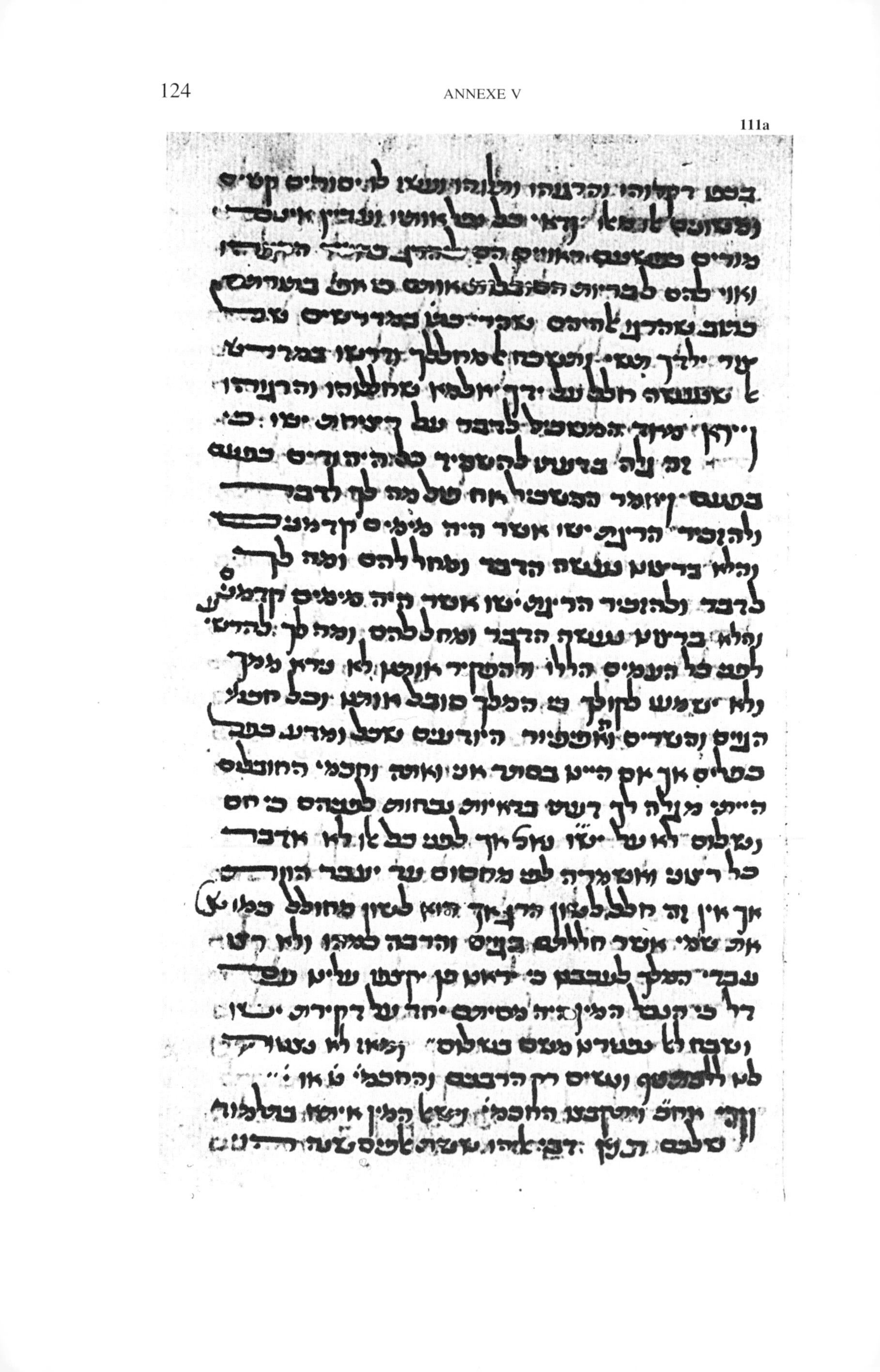

111a

111b

עלמין ב׳ אלפי׳ תהו ב׳ אלפי׳ תורה ב׳ [illegible]
פי׳ בלא תהו ב׳ אלפי׳ ימות המשיח פי׳ בלא תורה [illegible]
אפי׳ שעוסקי׳ [illegible] בא המשיח ויבטל התורה [illegible]
שאינם כי יהיו הנביאים [illegible] ותלמידיו האומרים [illegible]
המשכיל ויאמר אחר למה יוסיף סרה לדבר [illegible]
אידוע שעוסקים בכל שהרי אין [illegible] ב׳ אלפים
ראשונים תהו בלא תורה והלא הצדיקים [illegible]
אותה תורה כמו שנ׳ מכל הבהמה הטהורה
תקח לך שבעה שבעה [illegible] שמר את
התורה וכן אברהם [illegible] משמרתי
מצותי חקותי ותורותי וכתי׳ למען אשר יצוה את
בניו [illegible] ושמרו דרך יי׳ [illegible]
ידעו את [illegible] פי׳ אלפים תהו [illegible] שלא ישמרו כבל
התורה כי אם [illegible] מצות ב׳ אלפים תורה שיהיו כבל
התורה ובכל המצות [illegible] לומר כי אין טוב לפרש
בלא תהו והלא באותן ב׳ אלפים היו ישראל עובדין
ע״ז בימי אחאב ורבים מלכי ישראל [illegible]
ב׳ אלפים ימות המשיח עם תורה כי הוא בא להוסיף
בכל [illegible] ותלמיד מחשב [illegible]
לדרוש ולקבל שכר [illegible] אשרי המחכה [illegible]
[illegible] לקבל [illegible] ותלמיד [illegible]
הנביאים היה [illegible] התלמידים לא היה [illegible]
[illegible] שבעה אלפים
[illegible] לא ימצא יהיו הנביאים [illegible]
בתלמוד כי אם באו אחריו [illegible]
[illegible] עליהן שהיו קודם ד׳ אלפים שנה קרוב
לרב [illegible] לאחר [illegible]
ד׳ אלפים [illegible]
[illegible] לו וכן ישראל

BIBLIOGRAPHIE DES OUVRAGES CONSULTÉS

I. Sources

1. Sources manuscrites en hébreu

- Moscou, Bibliothèque de Russie, ms. Günzburg 1390: La controverse de 1240 et la deuxième controverse de Paris.
- Rome, Bibliothèque Victor-Emmanuel, ms. hébreu 53: Controverses, textes divers.
- Paris, Bibliothèque nationale, ms. hébreu 712: La controverse de 1240, Joseph le Zélateur, textes divers.
- Vatican, ms. hébreu 271: Le livre polémique *Maḥazik 'Emuna* de Mordechai ben Yehosephia.

2. Sources manuscrites en latin

- Paris, bibliothèque Sainte-Geneviève, ms. latin 1405: Raymundus Martini, *Pugio fidei*.
- Paris, Bibliothèque nationale, ms. latin 3643: Raymundus Martini, *Capistrum judaeorum*.
- Paris, Bibliothèque nationale, fonds Dupuy 532: Ordonnances des rois de France.

3. Sources imprimées en hébreu

- David Berger, éd. et trad., *The Jewish-Christian Debate in the High Middle Ages: A Critical Edition of the Nizzaḥon Vetus*, Philadelphie, 1979.
- Mordechai Breuer, éd., *Sefer Nizzaḥon Yashan (Nizzaḥon vetus), Un livre de polémique judéo-chrétienne*, Tel-Aviv, 1978.
- Salomon Buber, éd., *Schaaré Zion, Beitrag zur Geschichte des Judenthums bis zum Jahre 1372, von Rab. Isaac de Lattes*, Jarołsaw, 1885.
- Ḥayim Dov Chavel, éd., «La polémique de Naḥmanide *(Vikkuaḥ ha-Ramban)*», *Ecrits de Naḥmanide (Kitvé Rabenu Moshe Ben Naḥman)*, Jérusalem, 1963, p. 302-320.
- Samuel Grünbaum, éd., *La polémique de R. Yeḥiel de Paris (Vikkuaḥ Rabenu Yeḥiel mi-Paris)*, Thorn, 1873.
- Joseph Isaak Kobak, éd., «La lettre polémique de Jacob de Venise», *Jeshurun, Zeitschrift für die Wissenschaft des Judenthums*, LXVI, Bamberg, 1868, p. 1-34.
- Eliahu Dov Pinès, éd., *Nouvelles Responsa et décisions du rabbin Joseph Colon (Shut u-Phisqei Mahariq ha-Ḥadashim le-Rabbeinu Yoseph Qolon)*, 2ème éd., Jérusalem, 1984.
- Judah Rosental, éd., *Jacob ben Reuben, Les guerres du Seigneur (Milḥamot ha-Shem)*, Jérusalem, 1963.
- Judah Rosenthal, éd., *Sepher Joseph Hamekane auctore R. Joseph b. R. Nathan Official*, Jérusalem, 1970.
- Judah Rosenthal, éd., «Une critique juive du Nouveau Testament au XIIIe siècle (Biqoret yéhudit shél ha-Berit ha-Ḥadashah min ha-méah ha-yod"gimel)», *Studies in Jewish Bibliography, History and Literature in Honor of I. Edward Kiev*, éd. Ch. Berlin, New York, 1971, p. 123-139 (pagination hébraïque).
- Judah Rosental, éd., «A Religious Disputation between a Jewish Scholar called Menahem and the Convert Pablo Christiani», *Hagut Ivrit ba-'America, Studies on*

Jewish Themes by Contemporary Americal Scholars, éd. M. Zohori, A. Tavtakover et H. Ormian, III, 1974, p. 61-74.
- Judah Rosenthal, éd., «Polemical Chapters (Pirké Vikkuaḥ)», *Studies in Honor of S.W. Baron (Hebrew Section)*, Jérusalem, 1975, p. 63-77.
- Frank Ephraim Talmage, éd., *The Book of Convenant and Other Writings (Sepher ha-Berit u-Vikuḥei Radaq ʿim ha-Naṣrut)*, Jérusalem, 1974.

4. Sources imprimées en latin

- Pierre-Claude-François Daunou et Joseph Naudet, éd., Geoffroy de Beaulieu, *Vie de Louis IX, Recueil des historiens des Gaules et de la France*, XX, Paris, 1840, p. 1-26.
- Eusèbe-J. de Laurière *et al.*, éd., *Ordonnances des roys de France de la troisième race*, 21 volumes, Paris, 1723-1849.
- Joseph de Voisin, éd., *Pugio fidei Raymundi Martini adversus Mauros et Judæos...*, Paris, 1651.
- F. Lanckisi, éd., *Raymundi Martini Pugio fidei adversus maures et judeos*, Leipzig, 1687, rééd., Farnborough, 1967.
- Ch. Merchavia, éd., «Un documento desconocido sobre la historia de los judíos en la Francia medieval», *Sefarad*, XXVI, 1966, p. 53-78.
- C. Zangemeister, éd., Paulus Orosius, *Historiarum adversum paganos libri VII accedit eiusdem liber apologeticus*, Vienne, 1887, rééd., Hildesheim, 1967.

II. Etudes et traductions des textes

- Robert Anchel, *Les juifs de France*, Paris, 1946.
- G. Antolín, *Catálogo de los códices latinos de la Real Biblioteca del Escorial*, III, Madrid, 1913, p. 18.
- Yitzhak Baer, «The Disputations of R. Yechiel of Paris and of Nachmanides» (en hébreu), *Tarbiz*, II, 1931, p. 172-187.
- Salo Wittmayer Baron, *A Social and Religious History of the Jews*, 18 volumes, 2ème éd., New York et Philadelphie, 1952-1983.
- Laure Beaumont-Maillet, *Le grand couvent des Cordeliers de Paris*, Paris, 1975.
- David Berger, «Christian Heresy and Jewish Polemic in the Twelfth and Thirteenth Centuries», *The Harvard Theological Review*, LXVIII, 1975, p. 287-303.
- André Berthier, «Un maître orientaliste du XIIIe siècle: Raymond Martin O.P.», *Archivum fratrum Praedicatorum*, VI, 1936, p. 267-311.
- André Berthier, «Les écoles de langues orientales au XIIIe siècle par les Dominicains en Espagne et en Afrique», *Revue Africaine*, LXXIII, 1932, p. 84-103.
- Arnaud Borst, *Les Cathares*, trad. Ch. Roy, Paris, 1974.
- Peter Browe, *Die Judenmission im Mittelalter und die Päpste*, Rome, 1973.
- Ch.D. Chavel, trad., *The Disputation at Barcelona*, New York, 1983.
- Robert Chazan, «The Barcelona 'Disputation' of 1263: Christian Missionizing and Jewish Response», *Speculum*, LII, 1977, p. 824-842.
- Robert Chazan, éd., *Church, State, and Jew in the Middle Ages*, West Orange, N.J., 1980.
- Robert Chazan, «A Medieval Hebrew Polemical Mélange», *Hebrew Union College Annual*, LI, 1980, p. 89-110.
- Robert Chazan, «From Friar Paul to Friar Raymond: The Development of Innovative Missionizing Argumentation», *The Harvard Theological Review*, LXXVI, 1983, p. 289-306.

- Robert Chazan, «An Ashkenazic Anti-Christian Treatise», *Journal of Jewish Studies*, XXXIV, 1983, p. 63-72.
- Robert Chazan, *Daggers of Faith: Thirteenth-Century Christian Missionizing and Jewish Response*, Berkeley, Los Angeles et Londres, 1989.
- Robert Chazan, «Chapter Thirteen of the *Maḥazik Emunah*: Further Light on Friar Paul Christian and the New Christian Missionizing», *Michael: On the History of the Jews in the Diaspora*, éd. J. Shatzmiller et Sh. Simonsohn, XII, Tel-Aviv, 1991, p. 9-26.
- Robert Chazan, *Barcelona and Byond, The Disputation of 1263 and Its Aftermath,* Berkeley, Los Angeles, Oxford, 1992.
- Robert Chazan, «The Letter of R. Jacob ben Elijah to Friar Paul», *Jewish History*, VI, 1992, p. 51-63.
- Jeremy Cohen, *The Friars and the Jews: The Evolution of Medieval Anti-Judaism*, Ithaca et Londres, 1982.
- Jeremy Cohen, «The Jews as the Killers of Christ in the Latin Tradition, from Augustine to the Friars», *Traditio*, XXXIX, 1983, p. 3-27.
- Martin A. Cohen, «Reflections on the Text and Context of the Disputation of Barcelona», *Hebrew Union College Annual*, XXXV, 1964, p. 157-192.
- Gilbert Dahan, «Saint Bonaventure et les juifs», *Archivum Franciscanum historicum*, LXXVII, 1984, p. 369-405.
- Gilbert Dahan, *Les intellectuels chrétiens et les juifs au Moyen Age*, Paris, 1990.
- Gilbert Dahan, *La polémique chrétienne contre le judaïsme au Moyen Age*, Paris, 1991.
- Léopold Delisle, «Notes sur quelques manuscrits du Musée britannique», *Mémoires de la société de l'histoire de Paris et de l'Ile-de-France*, IV, 1877, p. 183-238.
- Heinrich Denifle, «Quellen zur Disputation Pablos Christiani mit Mose Nachmani zu Barcelona 1263», *Historisches Zeitschrift,* VIII, Munich, 1887, p. 225-244.
- Jean H. Duvernoy, *Le Catharisme, la religion des Cathares*, Toulouse, 1976.
- Franz Fraidl, *Die Exegese der siebzig Wochen Daniels in der alten und mittleren Zeit*, Graz, 1883.
- Pier Francesco Fumagalli, «I trattati medievali «Adversus Judeos», il *Pugio fidei* ed il suo influsso sulla concezione cristiana dell'ebraismo», *La scuola cattolica*, CXIII, Milan, 1985, p. 522-545.
- Michel Garel, *D'une main forte, Manuscrits hébreux des collections françaises*, Paris, 1991.
- Enrique Claudio Girbal, *Los judíos en Gerona*, Gérone, 1870, republié en photocopie par D. Romano, éd., *Per una historia de la Girona jueva*, I, Gérone, 1988.
- Norman Golb, *History and Cultur of the Jews of Rouen in the Middle Ages*, (en hébreu) Tel-Aviv, 1976.
- Norman Golb, *Les juifs de Rouen au Moyen Age, Portrait d'une culture oubliée*, Rouen, 1985.
- Solomon Grayzel, *The Church and the Jews in the XIIIth Century*, Philadelphie, 1933, éd. revue, New York, 1966.
- Henri Gross, *Gallia judaica, Dictionnaire géographique de la France d'après les sources rabbiniques*, Paris, 1897, rééd. Amsterdam, 1969.
- Hermine Grossinger, «Die Disputation des Nachmanides mit Fra Pablo Christiani, Barcelona 1263», *Kairos*, NS XIX, 1977, p. 257-285, XX, 1978, p. 1-15, 161-181.
- William Chester Jordan, «The Last Tormenter of Christ: An Image of the Jew in Ancient and Medieval Exegesis, Art and Drama», *The Jewish Quarterly Review*, LXXVIII, 1987, p. 21-47.

- William Chester Jordan, *The French Monarchy and the Jews*, Philadelphie, 1989.
- William Chester Jordan, «The Erosion of the Stereotype of the Last Tormentor of Christ», *The Jewish Quarterly Review*, LXXXI, 1990, p. 13-44.
- Maurice Jusselin, «Projet d'ordonnance concernant la situation des juifs sous Jean II le Bon», *Revue des études juives*, LIV, 1907, p. 142-146.
- Léon Kahn, *Les juifs à Paris depuis le VIe siècle*, Paris, 1889.
- Victor Klagsbald, «Comme un lis entre les chardons», De la symbolique de la fleur de lis aux origines du *magen Dawid*», *Revue des études juives*, CL, 1991, p. 133-150.
- M.B. Lerner, «Heaven and Earth and the Four Directions», *Benjamin de Vries Memorial Volume*, éd. E.Z. Melamed, Jérusalem, 1968, p. 101-109.
- Isidore Loeb, «Le rôle des juifs de Paris en 1296 et 1297», *Revue des études juives*, I, 1880, p. 61-71.
- Isidore Loeb, «La controverse de 1263 à Barcelone entre Paulus Christiani et Moïse ben Nahman», *Revue des études juives*, XV, 1887, p. 1-18.
- Isidore Loeb, «La controverse religieuse entre les chrétiens et les juifs au Moyen Age en France et en Espagne», *Revue de l'histoire des religions*, XVII, 1888, p. 311-337; XVIII, 1888, p. 133-156.
- Ferdinand Lot et Robert Fawtier, *Histoire des institutions françaises au Moyen Age*, II. *Institutions royales*, Paris, 1958.
- Hyman Maccoby, *Judaism on Trial: Jewish-Christian Disputations in the Middle Ages*, Oxford, 1982.
- Jacob Mann, «Une source de l'histoire juive au XIIIe siècle: la lettre polémique de Jacob b. Elie à Pablo Christiani», *Revue des études juives*, LXXXII, 1926, p. 363-378.
- Hen Merhaviah, «Sur les versions hébraïques du *Pugio fidei* dans le manuscrit [de la bibliothèque de] Sainte-Geneviève» (en hébreu), *Kirjat sefer*, LI, 1976, p. 283-288.
- José María Millás Vallicrosa, «Sobre las fuentes documentales de la controversia de Barcelona en el ano 1263», *Anales de la universidad de Barcelona, memorias y comunicaciones*, 1940, p. 25-43.
- Gérard Nahon, «Les ordonnances de saint Louis sur les juifs», *Les Nouveaux Cahiers*, VI, Paris, 1970, n° 23, p. 18-35.
- Gérard Nahon, «Pour une géographie administrative des juifs dans la France de Saint Louis», *Revue Historique*, CCIV, 1975, p. 305-343.
- Gérard Nahon, «La communauté juive de Paris au XIIIe siècle, Problèmes topographiques, démographiques et institutionnels», *Actes du 100ème congrès national des sociétés savantes, Paris, 1975*, II, Paris, 1978, p. 143-156.
- Gérard Nahon, «Le problème de la localisation de la synagogue médiévale de Rouen, A propos d'une fouille récente», *Revue des études juives*, CXXXVII, 1978, p. 453-462.
- Adolf Neubauer, «Literary Gleanings: IX. Another Convert of the Name of Paulus», *The Jewish Quarterly Review*, V, 1893, p. 713-714.
- Jean-Pierre Osier, *L'évangile du ghetto ou comment les juifs se racontaient Jésus*, Paris, 1984.
- Oliver Shaw Rankin, éd. et trad., *The Jewish Religious Polemics*, Edimbourg, 1956.
- Joel E. Rembaum, «A Reevaluation of a Medieval Polemical Manuscript», *Association for Jewish Studies Review*, V, 1980, p. 81-89.
- Ernest Renan, *Les rabbins français du commencement du quatorzième siècle*, [Histoire littéraire de la France, XXVII], Paris, 1877, rééd. Farnborough, 1969.

- Jaume Riera i Sans, Eduard Feliu et Pasqual Maragall, éd., *Disputa de Barcelona de 1263 entre Mestre Mossé de Girona i frau Pau Cristià*, Barcelone, 1985.
- Michel Roblin, *Les juifs de Paris*, Paris, 1952.
- Judah M. Rosenthal, «The Talmud on Trial: The Disputation at Paris in the Year 1240», *The Jewish Quarterly Review*, NS XLVII, 1956, p. 58-76, 145-169.
- Cecil Roth, «The Disputation of Barcelona (1263)», *Gleanings: Essays in Jewish History Letters and Art*, New York, 1967, p. 34-61, (repris de *The Harvard Theological Review*, XLIII, 1950, p. 117-144).
- Shulamit Shachar, «The Jews in the Eyes of Court-Writers and their Status by Royal Decrees in the Reign of Charles V of France», (en hébreu) *Zion*, XXXIII, 1968, p. 1-14.
- Joseph Shatzmiller, «Paulus Christiani: un aspect de son activité anti-juive», *Hommage à Georges Vajda*, Peeters, Louvain, 1980, p. 203-217.
- Shlomo Simonsohn, *The Apostolic See and the Jews*, I, *Documents: 492-1404*, Toronto, 1988.
- E. Smilévitch et L. Ferrier, trad., *Naḥmanide, La dispute de Barcelone, suivi du commentaire sur Esaïe 52-53*, (Verdier), Lagrasse, 1984.
- Israël-Moses Ta-Shma, «Rabbi Yéhiel de Paris: l'homme et l'œuvre, religion et société (XIIIe siècle)», *Annuaire de l'Ecole pratique des hautes études, Section des sciences religieuses*, XCIX, Paris, 1990-1991, p. 215-219.
- Christine Thouzellier, *Hérésie et hérétiques: Vaudois, Cathares, Albigeois*, Rome, 1969.
- Ephraim Urbach, «Etudes sur la littérature polémique au Moyen Age», *Revue des études juives*, C, 1935, p. 49-77.
- Hans-Georg von Mutius, *Die christlich-jüdische Zwangsdisputation zu Barcelona: nach dem hebräischen Protokoll des Moses Nachmanides,* Francfort-sur-le-Main et Berne, 1982.
- Monique Zerner, «Du court moment où on appela les hérétiques des «bougres», Et quelques déductions», *Cahiers de civilisation médiévale*, XXXII, 1989, p. 305-324.
- Erik (Isaac) Zimmer, «Mouvements du corps durant la prière (Tikkune ha-guf bisheat ha-tefilah)» (en hébreu), *Sidra*, V, Ramat Gan, 1989, p. 89-130.

GLOSSAIRE

Aggada, récits ou légendes comportant des leçons morales et éthiques. Bien que faisant partie de l'enseignement des Sages de l'époque talmudique, la Aggada ne possède pas le pouvoir décisionnaire et normatif de la Loi (*Halakhah*).

Amoraïm, docteurs de la Loi, qui, entre la fin de la rédaction de la *Mishna* et la fin de la rédaction des Talmud de Babylone (fin du Ve siècle) et de Jérusalem (au cours du IVe siècle), ont travaillé à dégager les enseignements (*Halakhot*) de la *Mishna*.

Avodah Zarah, traité du Talmud de l'ordre de *Neziqin* (les Dommages). Ce traité s'élève contre les pratiques idolâtres et réglemente les relations avec les Gentils.

Baba Batra, à l'origine les trois traités de *Baba Qamma*, *Baba Meṣi'a* et *Baba Batra* ne formaient qu'un seul traité, *Neziqin*. Peu maniables sous cette forme, ils furent par la suite divisés. Pour l'essentiel, le traité de *Baba Batra* contient les lois relatives à la propriété et à l'héritage.

Berakhot, *les Bénédictions*, premier traité du Talmud de l'ordre de *Zera'im*, qui a pour objet les prières quotidiennes et les actions de grâces.

Bereshit Rabba, commentaire exégétique sur le livre de la Genèse rédigé en Palestine.

Derekh Ereṣ Zuṭa, l'un des traités mineurs du Talmud essentiellement consacré à l'eschatologie et à l'éthique.

Eikha Rabbati, commentaire exégétique qui explique le livre des Lamentations verset par verset et même mot par mot. Ce texte a sans doute été rédigé en Palestine vers la fin du Ve siècle.

Halakhah, ensemble des lois qui régissent tous les aspects de la vie juive. La codification en a été faite dès la fin du IIe siècle. Elle est exposée dans la *Mishna* et dans les Talmudim.

Hilkhot Melakhim, la toute dernière partie du *Mishneh Torah* de Maimonide, livre 14, chap. 5. Ses paragraphes traitent d'abord des droits des rois d'Israël, des honneurs qui leur sont dus ainsi que de la dignité du comportement qui doit être le leur. Ensuite vient une description sur la manière de conduire les différentes guerres.

Knesset ha-Gedolah, la Grande Synagogue ou encore la Grande Assemblée. Elle serait issue des organisations mises en place à l'époque d'Ezra (Ve siècle av. J.-C.). Elle aurait eu un rôle déterminant dans les domaines de la liturgie et de la canonisation des textes.

Midrash, genre exégétique où l'homélie s'associe à l'herméneutique, un commentaire sur les livres de la Bible propre à la littérature rabbinique.

Midrash Shir ha-Shirim, commentaire sur le Cantique des Cantiques rédigé en Palestine.

Mishna, code de la Loi juive compilé par Rabbi Judah ha-Nasi. Elle est divisée en six ordres qui sont les suivants: *Zeraïm* (les Semences); *Mo'ed* (les Fêtes); *Nashim* (les Femmes); *Neziqin* (les Dommages); *Qoddashim* (les Choses sacrées); *Ṭohorot* (la Pureté).

Mishneh Torah, code de la Loi juive rédigé par Maimonide (1135-1204). Divisé en 14 livres, ce code est encore appelé *Yad ha-Ḥazakah* (la Main forte).

Pirqé Avot, *les Chapitres des Pères*, traité de la *Mishna* placé à la fin de l'ordre de *Nezikin* qui contient les plus anciens aphorismes et maximes des Sages.

Sanhèdrin, traité du Talmud de l'ordre de *Neziqin*, dont le but est d'étudier la composition, les pouvoirs et les fonctions du tribunal de ce nom, et qui détermine également la procédure criminelle et les peines capitales.

Shabbat, premier traité du Talmud de l'ordre de *Mo'ed*, dans lequel toutes les règles relatives à l'observance du jour du *shabbat* sont énoncées.

Shevu'ot, *les Serments*, traité du Talmud de l'ordre de *Neziqin* consacré presque entièrement aux serments et à leur rôle dans les procès.

Sukkah, traité du Talmud de l'ordre de *Mo'ed*, qui énonce en cinq chapitres les règles relatives à la fête de *Sukkot* (les Cabanes).

Talmud, ensemble des enseignements contenus dans les commentaires et dans les discussions des *amoraïm* sur le texte de la *Mishna*. Le Talmud comporte des textes qui vont du IIIe siècle av. J.-C. jusqu'à la fin du Ve siècle apr. J.-C. Il existe un Talmud dit de Jérusalem qui est surtout l'œuvre de Rabbi Yoḥanan (199-279), chef de l'académie de Tibériade. D'autre part nous disposons du Talmud de Babylone, qui a été en grande partie compilé par Rav Ashi (352-427) et par Rabbina II, vers la fin du Ve siècle. Avec la Bible, il représente l'autorité de référence dans le judaïsme rabbinique.

Targum Onqelos, paraphrase araméenne de la Bible. L'origine de ce nom se trouve dans le Talmud de Babylone qui attribue la rédaction du Targum du Pentateuque au prosélyte Onqelos. Il s'agit en fait d'une confusion avec la traduction grecque d'Aquila. La date de la rédaction est contestée par les spécialistes.

Yalquṭ Shim'oni ou *Yalquṭ*, sorte d'anthologie midrashique couvrant toute la Bible. Sa date de rédaction est incertaine, on suppose qu'il aurait pu être rédigé au cours du XIIIe siècle.

Yebamot, *les Belles-sœurs*, ce traité du Talmud, de l'ordre de *Nashim*, est consacré au lévirat.

INDEX

TABLE DES MATIERES

Annexes: Les documents.